Alex Lombello Amaral

Manifesto Comunista

de Karl Marx e Friedrich Engels

no século XXI

Estudos Vermelhos – São João Del Rei - 2019

Índice

Explicação indispensável

O texto do *Manifesto Comunista* está completo, em *itálico*. As partes que não estão em itálico não são do *Manifesto Comunista*, mas comentários de Alex Lombello Amaral. Além disso o *Manifesto* será separado dos comentários por asteriscos: ***

A divisão em capítulos é rigorosamente a mesma.

O Manifesto foi publicado em 1848, mas sua versão que teve grande tiragem e influência por a de 1872.

Prefácio à edição alemã de 1872

A Liga dos Comunistas, associação operária internacional que, nas circunstâncias de então, só podia evidentemente ser secreta, encarregou os abaixo-assinados, no Congresso que teve lugar em Londres em Novembro de 1847, de redigir um programa detalhado, simultaneamente teórico e prático, do Partido e destinado à publicação. Tal é a origem deste Manifesto, cujo manuscrito foi enviado para Londres, para ser impresso, algumas semanas antes da Revolução de Fevereiro. Publicado primeiro em Alemão, houve nesta língua pelo menos doze edições diferentes na Alemanha, na Inglaterra e na América do Norte. Traduzido em inglês por Miss Helen Macfarlane, apareceu em 1850, em Londres, no Red Republican, e, em 1871, teve na América, pelo menos, três traduções inglesas. Apareceu em francês, pela primeira vez, em Paris, pouco tempo antes da insurreição de Junho de 1848, e, recentemente, em Le Socialiste, de Nova Iorque. Atualmente, prepara-se uma nova tradução. Fez-se em Londres uma edição em polaco, pouco tempo depois da primeira edição. Apareceu em russo, em Genebra, na década de 60. Foi também traduzido em dinamarquês pouco depois da sua publicação original.

Ainda que as circunstâncias tenham mudado muito nos últimos vinte e cinco anos, os princípios gerais expostos neste

4

Manifesto conservam ainda hoje, no seu conjunto, toda a sua exatidão. Alguns pontos deveriam ser retocados. O próprio Manifesto explica que a aplicação dos princípios dependerá sempre e em toda a parte das circunstâncias históricas existentes, e que, portanto, não se deve atribuir demasiada importância às medidas revolucionárias enumeradas no final do capítulo II. Esta passagem, atualmente, teria de ser redigida de maneira diferente, em mais do que um aspecto. Dados os imensos progressos da grande indústria nos últimos vinte e cinco anos e os progressos paralelos levados a cabo pela classe operária na sua organização em partido, dadas as experiências práticas, primeiro na Revolução de Fevereiro, depois, e sobretudo, na Comuna de Paris, que, durante dois meses e pela primeira vez, pôs nas mãos do proletariado o poder político, este programa envelheceu em alguns dois seus pontos. A Comuna demonstrou, nomeadamente, que a «classe operária não pode contentar-se com tomar tal qual a máquina estatal e fazê-la funcionar por sua própria conta». (Ver «Manifesto do Conselho Geral da Associação Internacional dos Trabalhadores», A Guerra Civil em França, onde esta idéia está mais amplamente desenvolvida). Além disso, é evidente que a crítica da literatura socialista apresenta uma lacuna em relação ao momento atual, uma vez que só chega a 1847. E, de igual modo, se as observações sobre a posição dos comunistas face aos diferentes partidos da oposição (capítulo IV) são ainda hoje exatas nos seus princípios, na sua aplicação elas envelheceram, porque a situação política se modificou completamente e a evolução histórica fez desaparecer a maior parte dos partidos que ali se enumeram.

No entanto, o Manifesto é um documento histórico que já não temos direito a modificar. Uma edição posterior será talvez precedida de uma introdução que poderá preencher a lacuna entre 1847 e os nossos dias; a atual reimpressão foi tão inesperada para nós, que não tivemos tempo de escrevê-la.

Karl Marx, Friedrich Engels.

Londres, 24 de Junho de 1872

***

A Comuna de Paris, de 1871, modificou significativamente o marxismo. Uma vez que o marxismo tenta ser um socialismo científico não pode desprezar as experiências históricas, e a Comuna de 1871 foi o primeiro caso de um governo dos trabalhadores contemporâneos. A principal modificação que Marx e Engels defenderam a partir da Comuna foi que:

> "A Comuna teve mesmo de reconhecer, desde logo, que a classe operária, uma vez chegada à dominação, não podia continuar a administrar com a velha máquina de Estado; que esta classe operária, para não perder de novo a sua própria dominação, acabada de conquistar, tinha, por um lado, de eliminar a velha maquinaria de opressão até aí

6

utilizada contra si própria, mas, por outro lado, de precaver-se contra os seus próprios deputados e funcionários, ao declarar estes, sem qualquer exceção, revogáveis a todo o momento".[1]

Ou seja, a Revolução precisa criar um novo tipo de Estado, o que não se sabia em 1848.

---

[1] ENGELS, Friedrich. Introdução de *Guerra Civil em França*.

Manifesto do Partido Comunista[2]

Um espectro ronda a Europa - o espectro do comunismo. Todas as potências da velha Europa unem-se numa Santa Aliança para conjurá-lo: o papa e o Tzar, Metternich e Guizot, os radicais da França e os policiais da Alemanha.

Que partido de oposição não foi acusado de comunista por seus adversários no poder? Que partido de oposição, por sua vez, não lançou a seus adversários de direita ou de esquerda a pecha infamante de comunista?

Duas conclusões decorrem desses fatos:

1º) O comunismo já é reconhecido como força por todas as potências da Europa;

***

Marx e Engels escreveram isso 69 anos antes da Revolução Soviética! O comunismo ainda era de fato somente um fantasma.

***

---

[2]   Escrito por K. Marx e F. Engels em dezembro de 1847 - janeiro de 1848. Publicado pela primeira vez em Londres, em fevereiro de 1848. Publicado de acordo com o texto da edição soviética em espanhol de 1951 traduzida da edição alemã de 1848. Confrontado com a edição Inglesa de1888, editada por F. Engels. Traduzido do espanhol.

2º) É tempo de os comunistas exporem, à face do mundo inteiro, seu modo de ver, seus fins e suas tendências, opondo um manifesto do próprio partido à lenda do espectro do comunismo.

***

Fica claro que o termo "comunismo" já era de uso comum, e Marx e Engels se apossaram dele, uma vez que ninguém o assumia. Até a própria organização de que faziam parte ao escreverem o Manifesto foi somente então denominada Comunista. Antes se chamava Liga dos Iguais. Por que não mantiveram essa nome e escreveram um manifesto igualitarista? Porque Marx e Engels não eram igualitaristas e pretendiam se diferenciar dessa definição.

Por um lado, foi genial jogo de marketing, pois um manifesto em nome dos comunistas atraiu atenção mundial. Por outro lado deu aos autores desse manifesto o trabalho de diferenciarem o seu comunismo das diversas linhas políticas e ou filosóficas/religiosas até então ligadas a esse termo. Diga-se de passagem, até hoje essa diferenciação não está difundida. As pessoas quase todas pensam no marxismo como se fosse o comunismo de antes de Marx, que Marx tanto se esforçou por superar.

***

Com este fim, reuniram-se, em Londres, comunistas de várias nacionalidades e redigiram o manifesto seguinte, que será publicado em Inglês, francês, alemão, italiano, flamengo e dinamarquês.

***

De fato, o *Manifesto* foi uma "encomenda", ou melhor, a Liga se reuniu, definiu linhas gerais, e encarregou dois de seus membros cuja capacidade literária já era conhecida por livros e artigos, de redigirem o texto. São as teses aprovadas em um congresso, um encontro, e é possível mesmo que Marx e Engels tivessem discordância com o *Manifesto* em alguns detalhes. Por exemplo, existiu famosa polêmica entre Marx e Engels contra Proudhon a respeito da herança. Proudhon defendia o fim das heranças como panacéia universal, e Marx e Engels afirmavam que o capitalismo não seria abalado por essa medida. O *Manifesto,* contudo, a defende. Porém, é sabido que as teses centrais, praticamente o *Manifesto* inteiro, são fruto intelectual de Marx e Engels, com destauqe para o primeiro, que o escreveu quase todo. A publicação póstuma de *A Ideologia Alemã*, também de Marx e Engels, escrito poucos anos antes do *Manifesto,* confirma isso.

A polícia não permitiu que de fato o *Manifesto* fosse publicado em todas as línguas planejadas já em 1848.

I – Burgueses e Proletários[3]

A história de todas as sociedades que existiram até nossos dias[4] tem sido a história das lutas de classes.

***

Reforcemos a ressalva feita por Engels no rodapé. Os estudos históricos ainda da época de Marx revelaram, e o marxismo os

---

[3]   Por burguesia compreende-se a classe dos capitalistas modernos, proprietários dos meios de produção social, que empregam o trabalho assalariado. Por proletários compreende-se a classe dos trabalhadores assalariados modernos que, privados de meios de produção próprios, se vêem obrigados a vender sua força de trabalho para poder existir. (Nota de F. Engels à edição Inglesa de 1888).

[4]   Isto é, a história escrita. A pré-história, a história da organização social que precedeu toda a história escrita, era, ainda, em 1847, quase desconhecida. Depois, Haxthausen descobriu na Rússia a propriedade comum da terra, Maurer demonstrou que esta constituía a base social de onde derivavam historicamente todas as tribos teutônicas e verificou-se, pouco a pouco, que a comunidade rural com posse coletiva da terra era a forma primitiva da sociedade desde as Índias até a Irlanda. Finalmente, a organização interna desta sociedade comunista primitiva foi desvendada em sua forma típica pela descoberta decisiva de Morgan, que revelou a natureza verdadeira da gens e seu lugar na tribo. Com a dissolução dessas comunidades primitivas, começa a divisão da sociedade em classes diferentes e finalmente antagônicas. Procurei analisar este processo na obra Der Ursprung der Familie, des Privateigentums Und des Staats (A Origem da Família, da Propriedade Privada e do Estado, 2ª ed.; Stuttgart, 1886). (Nota de F. Engels à edição inglesa de 1888. Ver o terceiro volume desta obra. (N. da Ed. Bras.)

incorporou com gosto, que as sociedades de classes são uma novidade, com apenas uns 7 mil de anos. Por milhões de anos nossos ancestrais, a contar dos australopitecus, viveram sem classes, sem estado. O fim das classes, portanto, se torna mais crível – nasceram, têm que morrer.

A centralidade da luta de classes para o marxismo é óbvia, e seria criminoso relativizá-la. Contudo, não é uma simplificação da história em uma variável só. Em *A Miséria da Filosofia*, por exemplo, o mesmo Marx define a história como *"A história da mudança da natureza humana"*.[5]

Em *A Ideologia Alemã* Marx e Engels escreveram que:

> "A história não é senão a sucessão das diversas gerações, cada uma das quais explora os materiais, capitais, forças de produção que lhe são legadas por todas as que a precederam, e que por isso continua, portanto, por um lado, em circunstâncias completamente mudadas, a atividade transmitida, e por outro modifica as velhas circunstâncias com uma atividade completamente mudada..."[6]

Na mesma obra, escrita alguns anos antes do *Manifesto,* mas só publicada postumamente, que a história é *"ao mesmo tempo, a*

---

[5]   MARX, Karl. *Miséria da Filosofia: Resposta à Filosofia da Miséria, do Sr. Proudhon.* São Paulo: Livraria Editora Ciências Humanas. 1982. P.138.

[6]   MARX, Karl; ENGELS, Friedrich. *A Ideologia Alemã.* São Paulo: Expressão Popular. 2009. P.53.

história das forças produtivas em desenvolvimento e herdadas por cada nova geração e, desse modo, a história do desenvolvimento das forças dos próprios indivíduos".[7] Em uma carta de 1846 Marx escreveu que "*a história social dos homens nada mais é do que a história de seu desenvolvimento individual, tenham eles ou não consciência disto. Suas relações materiais estão na base de todas as suas outras relações*".[8]

Nenhuma das interpretações desmente a outra. A história é história de um monte de coisas. Incorreto é transformar qualquer dessas frases em um esquema que substitua o estudo da história. A centralidade da luta de classes se deve ao fato de que é na luta de classes que se dá o principal da ação política humana que influencia o curso da história. Um humano sozinho, entre bilhões, é uma força ínfima. Mas as classes sociais são formadas (não pela economia, mas na arena política, como se verá adiante) por gente, e são forças gigantescas. Marx queria transformar a sociedade, portanto queria usar essas forças.

***

---

[7]   MARX, Karl; ENGELS, Friedrich. *A Ideologia Alemã*. São Paulo: Expressão Popular. 2009. P.101.
[8]   MARX. K. ENGELS. F. *Cartas Filosóficas e Outros Escritos*. São Paulo: Grijalbo. 1979. p.15.

Homem livre e escravo, patrício e plebeu, barão e servo, mestre de corporação e companheiro, numa palavra, opressores e oprimidos, em constante oposição, têm vivido numa guerra ininterrupta, ora franca, ora disfarçada; uma guerra que terminou sempre, ou por uma transformação revolucionária da sociedade inteira, ou pela destruição das suas classes em luta.

Nas primeiras épocas históricas, verificamos, quase por toda parte, uma completa divisão da sociedade em classes distintas, uma escala graduada de condições sociais. Na Roma antiga encontramos patrícios, cavaleiros, plebeus, escravos; na Idade Média, senhores, vassalos, mestres, companheiros, servos; e, em cada uma destas classes, gradações especiais.

A sociedade burguesa moderna, que brotou das ruínas da sociedade feudal, não aboliu os antagonismos de classes. Não fez senão substituir novas classes, novas condições de opressão, novas formas de luta às que existiram no passado.

***

Essa percepção não foi de Marx e Engels. O próprio Marx, em carta de 1852, deixou claro que:

> No que me diz respeito, não me cabe o mérito de ter descoberto a existência das classes na sociedade moderna ou a luta entre elas. Muito antes de mim,

alguns historiadores burgueses tinham exposto o desenvolvimento histórico dessa luta de classes e alguns economistas burgueses a anatomia econômica desses classes. O que eu fiz de novo foi desmonstrar: 1) que a existência das classes está ligada apenas a determinadas fases históricas do desenvolvimento da produção; 2) que a luta de classes conduz necessariamente à ditadura do proletariado; 3) que esta mesma ditadura constitui tão somente a transição para a abolição de todas as classes e para um sociedade sem classes.[9]

Foi uma questão levantada pela própria Revolução Francesa. Essa Revolução, assim como a dos EUA alguns anos antes, aboliu as diferenças de classes perante a lei. Até então as classes existiam oficialmente, com registro em documentos. Um nobre tinha seus documentos provando sua ancestralidade, e a lei lhe concedia privilégios por isso. Essa distinção de classes por nascimento foi abolida pelas revoluções do final do século XVIII. Porém, os contemporâneos dessas revoluções logo notaram que, apesar de não existirem mais no direito, as classes continuavam existindo! Foi o que permitiu notar as raízes históricas e sociais das classes, chave que Marx e Engels usaram para entender a história humana.

***

---

[9] MARX. K. ENGELS. F. *Cartas Filosóficas e Outros Escritos*. São Paulo: Grijalbo. 1979. p.25.

Entretanto, a nossa época; a época da burguesia, caracteriza-se por ter simplificado os antagonismos de classes. A sociedade divide-se cada vez mais em dois vastos campos opostos, em duas grandes classes diametralmente opostas: a burguesia e o proletariado.

***

Eis um dos momentos em que Marx e Engels pareceram profetas, embora tenham feito previsões lógicas. Acontece que em 1848, quando o *Manifesto* foi escrito, em todo país do mundo, até na Inglaterra que era o mais industrializado, a maioria da população ainda era constituída de camponeses. Eles sabiam disso (está no próprio *Manifesto*, à frente, sobre a França), todo mundo sabia! Preferiram afirmar no presente o que sabiam que só aconteceria gradualmente. Somente agora, no século XXI, talvez a partir no final do XX, se pode dizer que a sociedade se dividiu em *"dois vastos campos opostos"*. Procure-se país por país, e se descobrirá esses dois grandes lados lutando entre si, e quase sempre simbolicamente representam o proletariado e a burguesia, mesmo que o lado proletário esteja muitas vezes comprado, desarticulado, mal dirigido, e não represente de fato os interesses proletários.

***

Dos servos da Idade Média nasceram os burgueses livres das primeiras cidades; desta população municipal, saíram os primeiros elementos da burguesia.

***

O *Manifesto*, em grande medida, é um livro de história. Um dos melhores resumos já feitos. Gerações de anticomunistas têm se esforçado por contestar a leitura histórica de Marx e Engels. São incapazes de entender que seja o que for que a história, como busca séria de conhecimento, "descobrir", comprovar, será bem vindo pelos marxistas. A proposta marxista de criar um socialismo científico tinha como método principal estudar a história de forma científica. A ciência abomina as certezas, os dogmas, as verdades eternas.

***

A descoberta da América, a circunavegação da África ofereceram à burguesia em assenso um novo campo de ação. Os mercados da Índia e da China, a colonização da América, o comércio colonial, o incremento dos meios de troca e, em geral, das mercadorias imprimiram um impulso, desconhecido até então, ao comércio, à indústria, à navegação, e, por conseguinte, desenvolveram rapidamente o elemento revolucionário da sociedade feudal em decomposição.

A antiga organização feudal da indústria, em que esta era circunscrita a corporações fechadas, já não podia satisfazer às necessidades que cresciam com a abertura de novos mercados. A manufatura a substituiu. A pequena burguesia industrial suplantou os mestres das corporações; a divisão do trabalho entre as diferentes corporações desapareceu diante da divisão do trabalho dentro da própria oficina.

***

Esse assunto foi tratado detalhadamente n'*O Capital*, que em algumas partes é uma história do nascimento do capitalismo.

***

Todavia, os mercados ampliavam-se cada vez mais: a procura de mercadorias aumentava sempre. A própria manufatura tomou-se insuficiente; então, o vapor e a maquinaria revolucionaram a produção industrial. A grande indústria moderna suplantou a manufatura; a média burguesia manufatureira cedeu lugar aos milionários da indústria, aos chefes de verdadeiros exércitos industriais, aos burgueses modernos.

18

***

O curioso é que Marx e Engels escreveram isso décadas antes dos Carnegie, dos Morgan, da ESSO, de Ford etc., que materializaram esses *"chefes de verdadeiros exércitos industriais"*.

***

A grande indústria criou o mercado mundial preparado pela descoberta da América. O mercado mundial acelerou prodigiosamente o desenvolvimento do comércio, da navegação, dos meios de comunicação. Este desenvolvimento reagiu por sua vez sobre a extensão da indústria; e à medida que a indústria, o comércio, a navegação, as vias férreas se desenvolviam, crescia a burguesia, multiplicando seus capitais e relegando a segundo plano as classes legadas pela Idade Média.

***

A tendência da burguesia não é mais ao crescimento. Depois que o capitalismo se espalhou pelo mundo todo, como a concentração de capital é constante, é o mesmo que dizer que a proletarização está crescendo. Ou seja, todos os dias burgueses quebram e deixam de ser burgueses, ou caem para estratos mais pobres da burguesia. As falências são maiores exatamente entre as pequenas empresas, e as empresas novas também são exatamente desse tamanho que mais quebra. Mas sobretudo, setores que eram burgueses, tanto em poder político quanto na efetividade de seus capitais para viverem do mesmo, decaíram irremediavelmente. Exemplo clássico são os donos de oficinas, que na idade média foram os líderes de suas cidades, os primeiros burgueses, e hoje estão quase rebaixados à miséria, sem poder nenhum, nem sobre um mísero vereador.

***

Vemos, pois, que a própria burguesia moderna é o produto de um longo desenvolvimento, de uma série de revoluções no modo de produção e de troca.

Cada etapa da evolução percorrida pela burguesia era acompanhada de um progresso político correspondente. Classe oprimida pelo despotismo feudal, associação armada administrando-se a si própria na comuna[10] aqui, República urbana independente,

---

[10] Comunas chamavam-se na França as cidades nascentes, mesmo antes de conquistar a autonomia local e os direitos políticos como terceiro estado, libertando-se de seus amos e senhores feudais. De modo geral. considerou-se aqui a Inglaterra país típico do desenvolvimento econômico da burguesia, e a França país típico de seu desenvolvimento político. (Nota de F. Engels à edição inglesa de 1888). Assim, os habitantes das cidades, na Itália e na França, chamavam suas comunidades urbanas, uma vez
20

ali, terceiro estado, tributário da monarquia; depois, durante o período manufatureiro, contrapeso da nobreza na monarquia feudal ou absoluta, pedra angular das grandes monarquias, a burguesia, desde o estabelecimento da grande indústria e do mercado mundial, conquistou, finalmente, a soberania política exclusiva no Estado representativo moderno. O governo moderno não é senão um comitê para gerir os negócios comuns de toda a classe burguesa.

A burguesia desempenhou na história um papel eminentemente revolucionário.

***

E nos séculos XIX e XX continuou desempenhado! Marx comemorou os episódios em que durante sua vida acompanhou a burguesia revolucionando o mundo, como quando a Inglaterra conquistou a Índia.

***

Onde quer que tenha conquistado o Poder, a burguesia calcou aos pés as relações feudais, patriarcais e idílicas. Todos os complexos e variados laços que prendiam o homem feudal a seus

---

comprados ou arrancados aos senhores feudais os seus primeiros direitos a urna administração autônoma. (Nota de F. Engels à edição alemã de 1890).

"superiores naturais" ela os despedaçou sem piedade, para só deixar subsistir, de homem para homem, o laço do frio interesse, as duras exigências do "pagamento à vista". Afogou os fervores sagrados do êxtase religioso, do entusiasmo cavalheiresco, do sentimentalismo pequeno-burguês nas águas geladas do cálculo egoísta. Fez da dignidade pessoal um simples valor de troca; substituiu as numerosas liberdades, conquistadas com tanto esforço, pela única e implacável liberdade de comércio. Em uma palavra, em lugar da exploração velada por ilusões religiosas e políticas, a burguesia colocou uma exploração aberta, cínica, direta e brutal.

***

Mais uma vez, é uma descrição do século XX, muito mais do que da época em que foi escrito. Marx e Engels tratam como completos processos que ainda estavam em curso, às vezes no seu início. Até hoje o capitalismo não teve completo sucesso nisso. Nem todas as pessoas abriram mão de todos os seus valores.

***

A burguesia despojou de sua auréola todas as atividades até então reputadas veneráveis e encaradas com piedoso respeito. Do

médico, do jurista, do sacerdote, do poeta, do sábio fez seus
servidores assalariados.

***

Eis mais um processo inconcluso, embora bastante avançado, no início do século XXI. Na época de Marx a proletarização dessas categorias citadas estava só no seu início, e que ele e Engels a tenham visto revela incrível poder de observação.

***

A burguesia rasgou o véu de sentimentalismo que envolvia as relações de família e reduziu-as a simples relações monetárias.

***

Em obras posteriores Marx, Engels e outros marxistas compreenderam melhor o que está acontecendo com a família, ou mais precisamente, a histórias da família, ou dos clãs. A família que existia até a Revolução Industrial era a família romana, escravocrata, em que o Pater tinha o poder até de matar seus filhos e esposa, que eram legalmente sua propriedade. Esse tipo de família, patriarcal, foi mortalmente atingida pela Revolução Industrial, que lançou mulheres e crianças no trabalho fora de casa. Economicamente livres, jovens e mulheres começaram a se libertar social e politicamente. O movimento de libertação das mulheres nasceu dentro do movimento operário!

Mais uma vez, é um processo inconcluso. A própria manutenção de laços materiais é parte da incompletude do processo, e não seu final sob o capitalismo, como imaginava Marx. Ou seja, sob o capitalismo precisa existir desemprego, os filhos e esposas que não têm empregos continuam dependentes dos "patriarcas", dando uma sobrevida a algumas famílias de formato romano.

O capitalismo pode "rasgar o véu de sentimentalismo", mas não pode extinguir os sentimentos familiares. Entre os trabalhadores muitas famílias existem nas quais não existe mais nenhum laço econômico, todos têm seus empregos, moram separados etc., mas continuarem sendo família só mesmo por laços sentimentais. Claramente, não é mais a família romana! Outro tipo de família está nascendo, com vagas semelhanças com os antigos clãs.

***

A burguesia revelou como a brutal manifestação de força na Idade Média, tão admirada pela reação, encontra seu complemento natural na ociosidade mais completa. Foi a primeira a provar o que pode realizar a atividade humana: criou maravilhas maiores que as

24

pirâmides do Egito, os aquedutos romanos, as catedrais góticas; conduziu expedições que superaram mesmo as antigas invasões e as cruzadas.

***

A primeira frase talvez precise de explicação. A nobreza não podia trabalhar. A primeira regra de "viver à moda da nobreza" era não trabalhar. Guerrear, sim, era considerado nobre. Os nobres que exerciam a força bruta contra a população tinham por regra não trabalhar. A burguesia, por contraste, revelou a ociosidade da nobreza, e filosófica/religiosamente a condenou.

***

A burguesia só pode existir com a condição de revolucionar incessantemente os instrumentos de produção, por conseguinte, as relações de produção e, com isso, todas as relações sociais. A conservação inalterada do antigo modo de produção constituía, pelo contrário, a primeira condição de existência de todas as classes industriais anteriores. Essa subversão contínua da produção, esse abalo constante de todo o sistema social, essa agitação permanente e essa falta de segurança distinguem a época burguesa de todas as precedentes. Dissolvem-se todas as relações sociais antigas e cristalizadas, com seu cortejo de concepções e de ideias secularmente veneradas; as relações que as substituem tornam-se antiquadas antes de se ossificar. Tudo que era sólido e estável se esfuma, tudo o que era sagrado é profanado, e os homens são obrigados finalmente a encarar com serenidade suas condições de existência e suas relações recíprocas.

***

Marx e Engels escreveram isso antes do petróleo substituir o carvão na grande indústria; antes das estradas de ferro costurarem o mundo; antes da eletricidade ser usada na indústria ou mesmo ter funções prática difundidas; antes dos aviões; antes dos telégrafos elétricos; antes dos computadores; antes dos robôs; antes da energia solar e da energia atômica etc. Em outras palavras, esse processo continuou e se acelerou atravessando o século XX. Mais uma vez falaram do futuro, mas dessa vez sem querer. Eles de fato não imaginavam tal desenvolvimento das forças produtivas sob o capitalismo. Achavam que tais forças produtivas já exigiriam outro modo de vida.

***

Impelida pela necessidade de mercados sempre novos, a burguesia invade todo o globo. Necessita estabelecer-se em toda parte, explorar em toda parte, criar vínculos em toda parte.

***

Do ponto de vista meramente espacial (e tratando-se de mercado só interessa o espaço ocupado por pessoas), esse processo está praticamente completo. O capitalismo se espalhou mundialmente. Criar novos mercados, agora, exige fazer com que as mesmas pessoas consumam mais. Desde o mendigo até o rico precisam consumir mais e mais para suprir a necessidade de novos mercados.

***

Pela exploração do mercado mundial a burguesia imprime um caráter cosmopolita à produção e ao consumo em todos os países. Para desespero dos reacionários, ela retirou à indústria sua base nacional. As velhas indústrias nacionais foram destruídas e continuam a sê-lo diariamente. São suplantadas por novas indústrias, cuja introdução se torna uma questão vital para todas as nações civilizadas, indústrias que não empregam mais matérias-primas autóctones, mas sim matérias-primas vindas das regiões mais distantes, e cujos produtos se consomem não somente no próprio país mas em todas as partes do globo. Em lugar das antigas necessidades, satisfeitas pelos produtos nacionais, nascem novas necessidades, que reclamam para sua satisfação os produtos das regiões mais longínquas e dos climas mais diversos. Em lugar do antigo isolamento de regiões e nações que se bastavam a si próprias, desenvolvem-se um intercâmbio universal, uma universal interdependência das nações. E isto se refere tanto à produção material como à produção intelectual. As criações intelectuais de uma nação tornam-se propriedade comum de todas. A estreiteza e o exclusivismo nacionais tomam-se cada vez mais impossíveis; das inúmeras literaturas nacionais e locais, nasce uma literatura universal.

***

Atualmente qualquer relógio, qualquer carro, impressora, computador, TV, geladeira etc. tem matérias primas de vários países, transformadas em peças em outros vários países, e montadas em outro, utilizando, igualmente, diferentes patentes de diferentes países.

Do ponto de vista meramente cultural, a Internet levou a integração mundial a patamares com os quais Marx e Engels não podiam sonhar.

***

Devido ao rápido aperfeiçoamento dos instrumentos de produção e ao constante progresso dos meios de comunicação, a burguesia arrasta para a torrente da civilização mesmo as nações mais bárbaras. Os baixos preços de seus produtos são a artilharia pesada que destrói todas as muralhas da China e obriga a capitularem os bárbaros mais tenazmente hostis aos estrangeiros. Sob pena de morte, ela obriga todas as nações a adotarem o modo burguês de produção, constrange-as a abraçar o que ela chama civilização, isto é, a se tomarem burguesas. Em uma palavra, cria um mundo à sua imagem e semelhança.

***

Esse processo também está quase completo. Praticamente já não existem nações que tenham resistido ao capitalismo. Existem, sim, nações que tentam superá-lo, mas para isso primeiro o desenvolveram.

Na época em que o *Manifesto* foi escrito ainda existiam muitos povos resistindo, inclusive militarmente, e Inglaterra, França e EUA usaram artilharia de verdade para abrir seus mercados.

***

A burguesia submeteu o campo à cidade. Criou grandes centros urbanos; aumentou prodigiosamente a população das cidades em relação à dos campos e, com isso, arrancou uma grande parte da população do embrutecimento da vida rural. Do mesmo modo que subordinou o campo à cidade, os países bárbaros ou semibárbaros aos países civilizados, subordinou os povos camponeses aos povos burgueses, o Oriente ao Ocidente.

***

Novamente o *Manifesto* trata do futuro como se fosse presente em 1848! Quando o *Manifesto* foi escrito o campo ainda predominava até mesmo na Inglaterra, berço do capitalismo. Na maioria dos países a população rural excedia 80% do total! Atualmente, sim, a urbanização, ou seja, o aumento percentual da população urbana, aconteceu, e a maioria da população vive em cidades.

POPULAÇÃO RURAL E URBANA DO MUNDO (1950-2050)

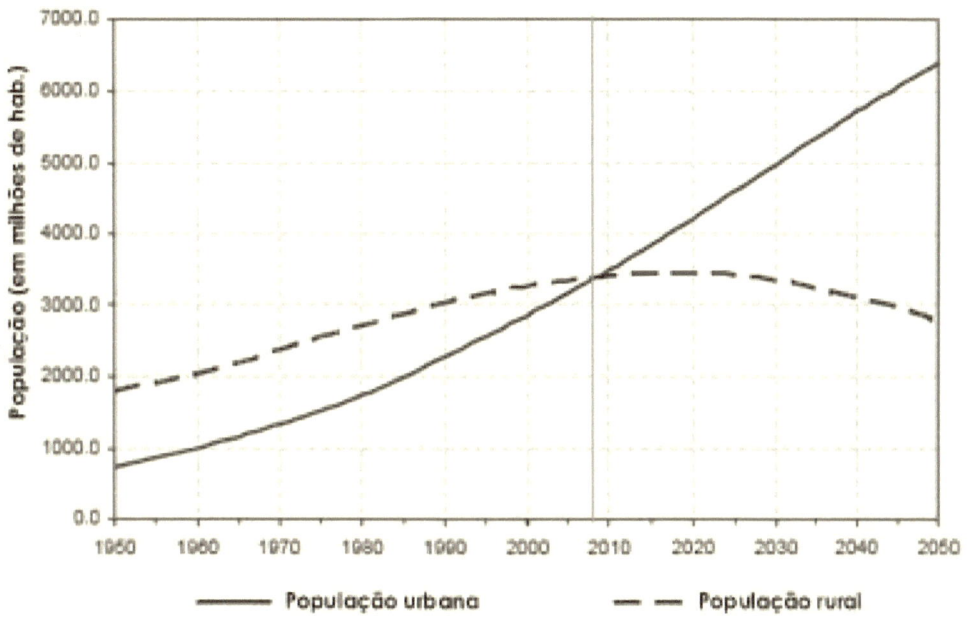

Não foi um processo uniforme nos vários países, muito pelo contrário.

% de População Urbana

Países desenvolvidos

País	1960	1992	2000
Bélgica	92	97	97
Países Baixos	85	89	89
Alemanha	76	86	88
Reino Unido	86	89	90
Austrália	81	85	85
Japão	63	77	78

31

Canadá	69	77	77
Estados Unidos	70	76	78
Rússia	54	75	78
França	62	73	73
Itália	59	67	67

Países subdesenvolvidos

País	1960	1992	2000
Cingapura	100	100	100
Hong Kong	85	94	96
Argentina	74	87	89
Chile	68	84	85
Coréia do Sul	28	77	86
Brasil	45	76	81
México	51	74	78
Malásia	27	51	57
África do Sul	47	50	53
China	19	28	35
Índia	18	26	29

Sobre a subordinação do Oriente ao Ocidente, dois comentários. Primeiro que Oriente e Ocidente só existem como regiões geográficas, como nascente e poente, leste o oeste, não como divisões culturais da humanidade. Segundo que a citada subordinação foi temporária, como seria muito do agrado de Marx e Engels.

***

A burguesia suprime cada vez mais a dispersão dos meios de produção, da propriedade e da população. Aglomerou as populações, centralizou os meios de produção e concentrou a propriedade em poucas mãos. A consequência necessária dessas transformações foi a centralização política. Províncias independentes, apenas ligadas por débeis laços federativos, possuindo interesses, leis, governos e tarifas aduaneiras diferentes, foram reunidas em uma só nação, com um só governo, uma só lei, um só interesse nacional de classe, uma só barreira alfandegária.

***

No século XX esse processo continuou ocorrendo com experiências como o Mercado Comum Europeu, o Acordo de Livre Comércio da América do Norte, o Mercosul etc. A própria Organição Mundial do Comércio, embora não realize uma união aduaneira, segue no mesmo sentido.

***

A burguesia, durante seu domínio de classe, apenas secular, criou forças produtivas mais numerosas e mais colossais que todas as gerações passadas em conjunto. A subjugação das forças da

33

natureza, as máquinas, a aplicação da química à Indústria e à agricultura, a navegação a vapor, as estradas de ferro, o telégrafo elétrico, a exploração de continentes inteiros, a canalização dos rios, populações inteiras brotando na terra como por encanto - que século anterior teria suspeitado que semelhantes forças produtivas estivessem adormecidas no selo do trabalho social?

***

E muito mais viria. Motor a combustão interna, aviões, uso industrial da eletricidade, computadores, satélites etc.

***

Vemos pois: os meios de produção e de troca, sobre cuja base se ergue a burguesia, foram gerados no seio da sociedade feudal. Em um certo grau do desenvolvimento desses meios de produção e de troca, as condições em que a sociedade feudal produzia e trocava, a organização feudal da agricultura e da manufatura, em suma, o regime feudal de propriedade, deixaram de corresponder às forças produtivas em pleno desenvolvimento. Entravavam a produção em lugar de impulsioná-la. Transformaram-se em outras tantas cadeias que era preciso despedaçar; foram despedaçadas.

Em seu lugar, estabeleceu-se a livre concorrência, com uma organização social e política correspondente, com a supremacia econômica e política da classe burguesa.

Assistimos hoje a um processo semelhante. As relações burguesas de produção e de troca, o regime burguês de propriedade, a sociedade burguesa moderna, que conjurou gigantescos meios de produção e de troca, assemelha-se ao feiticeiro que já não pode controlar as potências internas que pôs em movimento com suas palavras mágicas. Há dezenas de anos, a história da indústria e do comércio não é senão a história da revolta das forças produtivas modernas contra as modernas relações de produção e de propriedade que condicionam a existência da burguesia e seu domínio. Basta mencionar as crises comerciais que, repetindo-se periodicamente, ameaçam cada vez mais a existência da sociedade burguesa. Cada crise destrói regularmente não só uma grande massa de produtos já fabricados, mas também uma grande parte das próprias forças produtivas já desenvolvidas. Uma epidemia, que em qualquer outra época teria parecido um paradoxo, desaba sobre a sociedade - a epidemia da superprodução. Subitamente, a sociedade vê-se reconduzida a um estado de barbaria momentânea; dir-se-ia que a fome ou uma guerra de extermínio cortaram-lhe todos os meios de subsistência; a indústria e o comércio parecem aniquilados. E por quê? Porque a sociedade possui demasiada civilização, demasiados meios de subsistência, demasiada indústria, demasiado comércio. As forças produtivas de que dispõe não mais favorecem o desenvolvimento das relações de propriedade burguesa; pelo contrário, tomaram-se por demais poderosas para essas condições, que passam a entravá-las; e todas as vezes que as forças produtivas sociais se libertam desses entraves, precipitam na desordem a sociedade inteira e ameaçam a existência da propriedade burguesa. O sistema burguês tornou-se demasiado estreito para conter as riquezas criadas em seu selo. De que maneira consegue a burguesia vencer essas crises? De um lado, pela destruição violenta de grande quantidade de forças produtivas; de outro lado, pela conquista de novos mercados e pela exploração mais intensa dos antigos. A que leva isso? Ao preparo de crises mais extensas e mais destruidoras e à diminuição dos meios de evitá-las.

***

Mais uma vez Marx e Engels falaram do futuro, pois ainda não tinham acontecido as grandes crises de 1873, 1929 e 1973, perto das quais as crises que Marx e Engels tinham visto foram insignificantes. Depois de 1973 as crises atingiram tal periodicidade que é como se fossem uma só crise eterna. Os efeitos de uma crise nem passaram, e outra já começou.

Sobre a *"destruição violenta de grande quantidade de forças produtivas"* é importante notar que Marx e Engels escreveram isso

36

décadas antes da I Guerra Mundial (1914-1918), que foi a forma de encerrar a grande crise que se iniciara no final do século XIX. Com base nessa descoberta de Marx e Engels, Lênin pode prever com certeza que aconteceria a I Guerra. A II Guerra foi o que encerrou a crise de 1929. As bombas nucleares fecharam esse caminho para solução de crises, ou ao menos reduziram sua capacidade, uma vez que têm impedido uma grande guerra.

Sobre a conquista de novos mercados, como já foi dito, encerrou-se. Explorar mais intensamente os mercados antigos é o que tem sido feito. Contudo, isso vai dificultando o funcionamento do capitalismo, uma vez que as sobras começam a ser tantas que muita gente começa a viver delas, enquanto o capitalismo precisa de pessoas desesperadas por empregos.

Existe, além disso, o problema ambiental, crescente. A busca de novos mercados tem significado a criação de imensos lixões, a poluição de rios, oceanos, ar e terra, a destruição de florestas e outros habitats, a morte de rios e grande destruição feita pelas mineradoras.

***

As armas que a burguesia utilizou para abater o feudalismo, voltam-se hoje contra a própria burguesia.

A burguesia, porém, não forjou somente as armas que lhe darão morte; produziu também os homens que manejarão essas armas - os operários modernos, os proletários.

Com o desenvolvimento da burguesia, isto é, do capital, desenvolve-se também o proletariado, a classe dos operários modernos, que só podem viver se encontrarem trabalho, e que só encontram trabalho na medida em que este aumenta o capital. Esses operários, constrangidos a vender-se diariamente, são mercadoria, artigo de comércio como qualquer outro; em consequência, estão sujeitos a todas as vicissitudes da concorrência, a todas as flutuações do mercado.

***

Desde o século XIX multiplicam-se os autores que se esforçam por provar que não existe mais o proletariado descrito por Marx, pois raros seriam hoje os operários fabris.

Contudo, no próprio *Manifesto* se nota que já em 1848 o proletariado era constantemente revolucionado – categorias inteiras surgiam e desapareciam, massas proletárias migravam para outros países ou dentro do mesmo país, mudando completamente de emprego etc. O suposto operário modelo de Marx nunca existiu para Marx.

O proletariado nunca foi tão grande! Quase todas as classes foram destruídas pelo capitalismo e proletarizadas, quase todos os setores foram industrializados, quase só sobrou trabalho assalariado. O proletariado (os trabalhadores assalariados e desempregados) é hoje a grande maioria da população de quase todos os países do mundo, como se nota abaixo.

***

O crescente emprego de máquinas e a divisão do trabalho, despojando o trabalho do operário de seu caráter autônomo, tiraram-lhe todo atrativo. O produtor passa a um simples apêndice da máquina e só se requer dele a operação mais simples, mais monótona, mais fácil de aprender. Desse modo, o custo do operário se reduz, quase exclusivamente, aos meios de manutenção que lhe são necessários para viver e perpetuar sua existência. Ora, o preço do trabalho[11], como de toda mercadoria, é igual ao custo de sua produção. Portanto, à medida que aumenta o caráter enfadonho do trabalho, decrescem os salários. Mais ainda, a quantidade de trabalho cresce com o desenvolvimento do maquinismo e da divisão do trabalho, quer pelo prolongamento das horas de labor, quer pelo

---

[11] Mais tarde Marx demonstrou que o operário não vende seu trabalho, porém sua força de trabalho. Ver a respeito a Introdução de Engels à obra de Marx, Trabalho Assalariado e Capital, pág. 52 do presente volume (N. da R.).

aumento do trabalho exigido em um tempo determinado, pela aceleração do movimento das máquinas, etc.

***

O movimento operário, com grande ajuda do marxismo, conteve o prolongamento das horas de trabalho, e conquistou mesmo limites de horas de trabalho, primeiro de 12, 11, 10 horas diárias, e entre o final do XIX e início do XX conquistou as 8 horas diárias em quase todo o mundo. Atualmente em alguns países o proletariado já conquistou 6 horas diárias. Para Marx o principal ganho real que os trabalhadores podem obter é a redução da jornada.

É importante a percepção, que não é de Marx e Engels, mas de David Ricardo, de que o salário é o custo de produção da mão de obra, e que no caso de trabalhadores não especializados esse custo se reduz ao custo de vida. A robotização vai acentuando essa transformação de quase todos os trabalhos em atividades simples que podem ser realizadas por qualquer um, portanto a salários os mais baixos.

***

A indústria moderna transformou a pequena oficina do antigo mestre da corporação patriarcal na grande fábrica do industrial capitalista. Massas de operários, amontoadas na fábrica, são organizadas militarmente. Como soldados da indústria, estão sob a vigilância de uma hierarquia completa de oficiais e suboficiais. Não são somente escravos da classe burguesa, do Estado burguês, mas também diariamente, a cada hora, escravos da máquina, do contramestre e, sobretudo, do dono da fábrica. E esse despotismo é tanto mais mesquinho, odioso e exasperador quanto maior é a franqueza com que proclama ter no lucro seu objetivo exclusivo.

***

Aos poucos se desenvolveu um sistema escolar por assim dizer, fabril, onde os estudantes pouco aprendem conteúdos, mas são treinados para respeitarem horários, inclusive de comer e ir ao banheiro, dedurarem uns aos outros, respeitarem uma pseudo autoridade, fazerem trabalhos repetitivos e não ganharem nada em troca. Um verdadeiro treino para a vida de escravos que se espera deles.

É curioso que alguns socialistas pré-marxistas, como Owen, criador dos jardins de infância, por motivos humanitários e de libertação humana, tenham sido pioneiros das escolas para filhos de trabalhadores. Iniciou-se então um longo processo, em que os socialistas lutavam para ampliar a escolarização, e os conservadores para a conter, os socialistas para manter a aumentar a qualidade, os conservadores para derrubá-la. O resultado até agora é que os socialistas têm vencido a luta pela ampliação da escolarização em todo o mundo, e perdido feio a luta pela manutenção da qualidade. Ou seja, a escola-presídio, que temos hoje em grande parte do mundo ocidental, não é fruto de um plano, não foi inventada, é resultado de lutas dos últimos dois séculos.

***

Quanto menos o trabalho exige habilidade e força, isto é, quanto mais a indústria moderna progride, tanto mais o trabalho dos homens é suplantado pelo das mulheres e crianças. As diferenças de idade e de sexo não têm mais importância social para a classe operária. Não há senão instrumentos de trabalho, cujo preço varia segundo a idade e o sexo.

***

Marx e Engels cooperaram aqui com muita habilidade para uma transição importante do movimento operário. Até o movimento ludita a reivindicação operária era proibir o trabalho feminino e infantil, com argumentos paternalistas por um lado e econômicos de outro. Mulheres e crianças seriam frágeis para o trabalho, por um lado, e derrubariam os salários por outro. O objetivo burguês ao colocar mulheres e crianças para trabalhar foi mesmo reduzir os salários.

Contudo, nas fábricas, as mulheres começaram a se destacar como líderes, como companheiras de luta, e o movimento operário foi pioneiro em reconhecer a igualdade das mulheres. O *Manifesto*, nesse parágrafo, confirmou essa transição.

As mulheres continuam conquistando postos de trabalho, poder político, direitos civis etc., destacadamente depois da Revolução Soviética de 1917. O trabalho infantil foi duramente combatido e é ilegal praticamente no mundo inteiro.

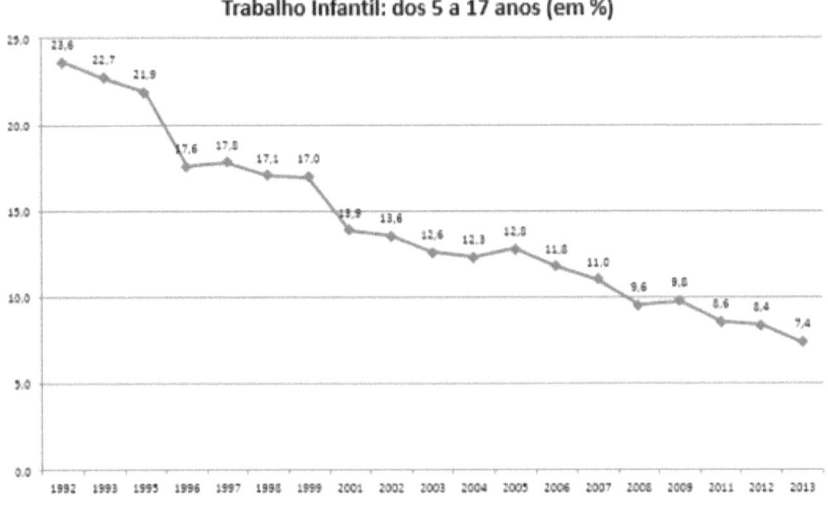

Trabalho Infantil: dos 5 a 17 anos (em %)

Fonte: IBGE

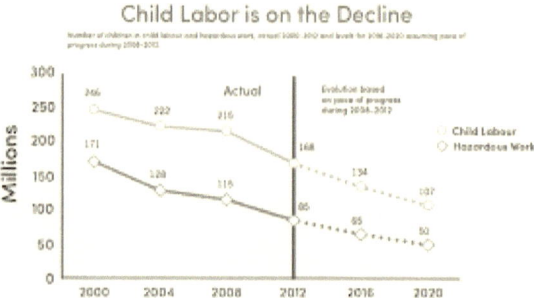

Child Labor is on the Decline

Em 2017 a UNESCO divulgou que no mundo ainda existiam 152 milhões de crianças trabalhando, quase metade na África, 70% na agricultura. Nos EUA o trabalho infantil ainda vitimava 1,2 milhões de crianças.

***

Depois de sofrer a exploração do fabricante e de receber seu salário em dinheiro, o operário torna-se presa de outros membros da burguesia, do proprietário, do varejista, do usurário etc.

***

Marx e Engels aqui ainda não tinham estudado em detalhes o mecanismo de distribuição das riquezas entre os capitalistas. Pensavam eles ainda que os operários eram explorados uma vez diretamente pelos seus patrões, e depois eram explorados novamente pelos comerciantes etc. N'*O Capital* a situação é melhor explicada. Todos os trabalhadores (incluindo os pequeno-burgueses) são explorados em conjunto por todos os capitalistas. Mesmo um trabalhador autônomo, sem patrão, é explorado pelos capitalistas, não pelo que consome, não pelo que paga de impostos, mas pelo que trabalha!

Todas as horas de trabalho efetivamente gastas no mundo, seja por operários, escravos, autônomos, funcionários públicos etc., seja na produção, nos serviços etc. somam a produção mundial total. Se um capitalista emprega ou não trabalhadores, se ganha via juros, ou via aluguel, se ganha por meio do comércio ou dos serviços, não faz nenhuma diferença. O capitalista ganha conforme a taxa de lucro sobre o seu volume de capital (se conseguir "realizá-lo"). Se estiver ganhando abaixo da taxa que julga ser a média, tentará investir seu capital em algum setor mais lucrativo. O operário já está completamente explorado quando recebe somente seu custo de vida, ou seja, somente o que vai pagar ao varejista, ao locatário etc. Quem o explorou não foi especificamente seu patrão (que executa essa exploração ao extrair trabalho e só pagar o custo de vida), nem o varejista, nem o locatário etc. foi a classe capitalista em conjunto. O locatário, por sua vez, recebeu o aluguél diretamente do operário, mas não foi mais que sua parte na exploração conjunta do proletariado, tanto que se regula pela taxa esperada de lucro. Isso fica claro no livro 3 do *Capital,* do próprio Marx.

***

As camadas inferiores da classe média de outrora, os pequenos industriais, pequenos comerciantes e pessoas que possuem rendas, artesãos e camponeses, caem nas fileiras do proletariado: uns porque seus pequenos capitais, não lhes permitindo empregar os processos da grande indústria, sucumbem na concorrência com os grandes capitalistas; outros porque sua habilidade profissional é depreciada pelos novos métodos de produção. Assim, o proletariado é recrutado em todas as classes da população.

O proletariado passa por diferentes fases de desenvolvimento. Logo que nasce começa sua luta contra a burguesia.

A princípio, empenham-se na luta operários isolados, mais tarde, operários de uma mesma fábrica, finalmente operários do mesmo ramo de indústria, de uma mesma localidade, contra o burguês que os explora diretamente. Não se limitam a atacar as relações burguesas de produção, atacam os instrumentos de produção: destroem as mercadorias estrangeiras que lhes fazem concorrência, quebram as máquinas, queimam as fábricas e esforçam-se para reconquistar a posição perdida do artesão da Idade Média.

***

Trata-se de uma descrição do ludismo. É interessante, porém, que Marx e Engels já notam que os luditas não eram quebradores de máquinas conforme são caricaturalmente tratados, o que seria confirmado no século XX por estudos do historiador Eduard Palmer Thompson.

***

Nessa fase, constitui o proletariado massa disseminada por todo o país e dispersa pela concorrência. Se, por vezes, os operários se unem para agir em massa compacta, isto não é ainda o resultado de sua própria união, mas da união da burguesia que, para atingir seus próprios fins políticos, é levada a pôr em movimento todo o proletariado, o que ainda pode fazer provisoriamente. Durante essa fase, os proletários não combatem ainda seus próprios inimigos, mas os inimigos de seus inimigos, isto é, os restos da monarquia absoluta, os proprietários territoriais, os burgueses não industriais, os pequenos burgueses. Todo o movimento histórico está desse modo concentrado nas mãos da burguesia e qualquer vitória alcançada nessas condições é uma vitória burguesa.

***

Três dias depois da publicação do *Manifesto Comunista*, que ainda não tinha nenhuma influência, explodiu em França a Revolução de 1848. Marx e Engels consideraram que foi a primeira vez que o proletariado agiu como protagonista político em uma revolução. Tendo derrubado o Rei Felipe, o Rei Burguês, em 24 de Fevereiro, os operários de Paris, sentindo-se traídos pelos novos governantes, se insurgiram em Junho e foram derrotados. De qualquer forma, estava encerrada a época descrita no parágrafo acima. Confirma-se de qualquer forma que Marx e Engels decidiram redigir tratando do que era o presente deles como se já fosse o passado, e do futuro como se já fosse o presente.

***

Ora, a indústria, desenvolvendo-se, não somente aumenta o número dos proletários, mas concentra-os em massas cada vez mais consideráveis; sua força cresce e eles adquirem maior consciência dela. Os interesses, as condições de existência dos proletários se igualam cada vez mais, à medida que a máquina extingue toda diferença do trabalho e quase por toda parte reduz o salário a um nível igualmente baixo. Em virtude da concorrência crescente dos burgueses entre si e devido às crises comerciais que disso resultam, os salários se tornam cada vez mais instáveis; o aperfeiçoamento constante e cada vez mais rápido das máquinas torna a condição de vida do operário cada vez mais precária; os choques individuais entre o operário e o burguês tomam cada vez mais o caráter de choques entre duas classes. Os operários começam a formar uniões contra os burgueses e atuam em comum na defesa de seus salários; chegam a fundar associações permanentes a fim de se prepararem, na previsão daqueles choques eventuais. Aqui e ali a luta se transforma em motim.

***

Quando Marx e Engels escreveram isso as organizações de trabalhadores assalariados ainda eram proibidas e inexistentes em quase todo o mundo. Tinham sido recentemente legalizadas na Inglaterra. Nos EUA demorariam ainda quase um século para serem oficialmente reconhecidas. Além da luta para criar e legalizar seus sindicatos, os trabalhadores ainda enfrentam diferentes graus de intervenção e controle do Estado e dos patrões, infiltrações, corrupção etc., problemas que Marx e Engels não podiam advinhar exatamente porque falavam do futuro, ou de um presente que ainda era limitado à Inglaterra e incipiente.

***

Os operários triunfam às vezes; mas é um triunfo efêmero. O verdadeiro resultado de suas lutas não é o êxito imediato, mas a união cada vez mais ampla dos trabalhadores. Esta união é facilitada pelo crescimento dos meios de comunicação criados pela grande indústria e que permitem o contato entre operários de localidades diferentes. Ora, basta esse contato para concentrar as numerosas lutas locais, que têm o mesmo caráter em toda parte, em uma luta nacional, em uma luta de classes. Mas toda luta de classes é uma luta política. E a união que os burgueses da Idade Média levavam séculos a realizar, com seus caminhos vicinais, os proletários modernos realizam em alguns anos por meio das vias férreas.

***

Destaque-se a frase, "*toda luta de classes é uma luta política*". Há quem pense que o ápice da luta de classes é a luta econômica, a greve por motivos salariais por exemplo, mas essa não era a posição de Marx e Engels. Compreendiam a importância de elevar as lutas proletárias á política.

Sobre a unidade dos trabalhadores, se as estradas de ferro já a permitiam, veremos o que fará a Internet. Marx e Engels se mostraram otimistas no parágrafo acima, mas n'*A Ideologia Alemã*, então recém escrito e que ainda pensavam em publicar, fica claro que

50

sabiam das enormes dificuldades que seriam enfrentadas para os trabalhadores se unirem:

> A concorrência isola os indivíduos uns contra os outros, não apenas os burgueses mas ainda mais os proletários, e isso a despeito de agregá-los. Daí que demore muito tempo até que esses indivíduos possam se unir (...) vivem no sei de relações que diariamente reproduzem os isolamento.[12]

***

A organização do proletariado em classe e, portanto, em partido político, é incessantemente destruída pela concorrência que fazem entre si os próprios operários. Mas renasce sempre, e cada vez mais forte, mais firme, mais poderosa. Aproveita-se das divisões intestinas da burguesia para obrigá-la ao reconhecimento legal de certos interesses da classe operária, como, por exemplo, a lei da jornada de dez horas de trabalho na Inglaterra.

***

Como os defensores de revoluções precisam criticar acidamente os reformistas, alguns pretensos revolucionários tornam-

---

[12]   MARX, Karl; ENGELS, Friedrich. *A Ideologia Alemã*. São Paulo: Expressão Popular. 2009. P.91.

se adversários das reformas, e não só do reformismo. Nota-se que Marx elogiou o proletariado inglês quando este conquistou uma reforma. O reformismo que os marxistas condenam não é a defensa de reformas, é a ilusão de que a Revolução é desnecessária e que tudo pode ser conquistado por reformas.

***

Em geral, os choques que ocorrem na velha sociedade favorecem de diversos modos o desenvolvimento do proletariado. A burguesia vive em guerra perpétua; primeiro, contra a aristocracia; depois, contra as frações da própria burguesia cujos interesses se encontram em conflito com os progressos da indústria; e sempre contra a burguesia dos países estrangeiros. Em todas essas lutas, vê-se forçada a apelar para o proletariado, reclamar seu concurso e arrastá-lo assim para o movimento político, de modo que a burguesia fornece aos proletários os elementos de sua própria educação política, isto é, armas contra ela própria.

Demais, como já vimos, frações inteiras da classe dominante, em consequência do desenvolvimento da indústria são precipitadas no proletariado, ou ameaçadas, pelo menos, em suas condições de existência. Também elas trazem ao proletariado numerosos elementos de educação.

Finalmente, nos períodos em que a luta de classes se aproxima da hora decisiva, o processo de dissolução da classe dominante, de toda a velha sociedade, adquire um caráter tão violento e agudo, que uma pequena fração da classe dominante se desliga desta, ligando-se à classe revolucionária, a classe que traz em si o futuro. Do mesmo modo que outrora uma parte da nobreza passou-se para a burguesia, em nossos dias, uma parte da burguesia passa-se para o proletariado, especialmente a parte dos ideólogos burgueses que chegaram à compreensão teórica do movimento histórico em seu conjunto.

***

Eles estavam falando de um deles mesmos, Engels, que era um industrial, e de vários outros, como Owen.

***

De todas as classes que ora enfrentam a burguesia, só o proletariado é uma classe verdadeiramente revolucionária. As outras classes degeneram e perecem com o desenvolvimento da grande indústria; o proletariado, pelo contrário, é seu produto mais autêntico.

As classes médias - pequenos comerciantes, pequenos fabricantes, artesãos, camponeses - combatem a burguesia porque esta compromete sua existência como classes médias. Não são, pois, revolucionárias, mas conservadoras; mais ainda, reacionários, pois pretendem fazer girar para trás a roda da história. Quando são revolucionárias é em consequência de sua iminente passagem para o proletariado; não defendem então seus interesses atuais, mas seus interesses futuros; abandonam seu próprio ponto de vista para se colocar no do proletariado.

O lumpen-proletariado, esse produto passivo da putrefação das camadas mais baixas da velha sociedade, pode ser arrastado ao movimento por uma revolução proletária; todavia, suas condições de vida o predispõem mais a vender-se à reação.

***

Existe desde antes do *Manifesto* forte polêmica a respeito da política a se adotar para o lumpen (esfarrapados), ou seja, para marginais, vagabundos etc.

Há o perigo de se confundir desempregados com lumpen, que é um erro fatal. Parte dos trabalhadores está sempre desempregada, desde que o capitalismo existe e para que ele exista. A unidade do proletariado é quase inútil se não incluir os desempregados. Contudo, o desemprego continuado pode sim levar pessoas à condição de

54

lumpezinato. Óbvio também que medidas que combatem o desemprego têm o efeito benfazejo de reduzir as fileiras do lumpezinato. Como distinguir? Fácil, o lumpen não adere a chamados de organização (a não ser criminosa), os trabalhadores desempregados, sim. Conforme dito no *Manifesto,* o lumpen tem sido base de recrutamento (pago) das forças conservadoras, contrarrevolucionárias, burguesas.

***

Nas condições de existência do proletariado já estão destruídas as da velha sociedade. O proletariado não tem propriedade; suas relações com a mulher e os filhos nada têm de comum com as relações familiares burguesas. O trabalho industrial moderno, a sujeição do operário pelo capital, tanto na Inglaterra como na França, na América como na Alemanha, despoja o proletariado de todo caráter nacional. As leis, a moral, a religião, são para ele meros preconceitos burgueses, atrás dos quais se ocultam outros tantos interesses burgueses.

***

Está na cara que se a última frase já fosse verdade, a Revolução já seria vitoriosa em toda linha. O proletariado era em

1848 e continua sendo extremamente religioso. Já faz parte da cultura popular o fato de que as leis são em benefício dos setores dominantes da sociedade, de fato, mas trata-se mais de um sentimento do que de um conhecimento. De fato o proletariado desprezou a moral antiga, cheia de preconceitos (ex: dentro das fábricas o machismo, racismo, a homofobia caíram antes que fora delas), mas não considera que toda moral seja preconceito. O proletariado tem sua própria moral.

***

Todas as classes que no passado conquistaram o Poder, trataram de consolidar a situação adquirida submetendo a sociedade às suas condições de apropriação. Os proletários não podem apoderar-se das forças produtivas sociais senão abolindo o modo de apropriação que era próprio a estas e, por conseguinte, todo modo de apropriação em vigor até hoje. Os proletários nada têm de seu a salvaguardar; sua missão é destruir todas as garantias e seguranças da propriedade privada até aqui existentes.

***

Não se preocupe. Nunguém vai querer suas roupas, seu carro, sua casa, seu sítio, seu barco. Adiante o *Manifesto* deixa bem claro o que é a propriedade inaceitável.

56

***

Todos os movimentos históricos têm sido, até hoje, movimentos de minorias ou em proveito de minorias. O movimento proletário é o movimento espontâneo da imensa maioria em proveito da imensa maioria. O proletariado, a camada inferior da sociedade atual, não pode erguer-se, pôr-se de pé, sem fazer saltar todos os estratos superpostos que constituem a sociedade oficial.

A luta do proletariado contra a burguesia, embora não seja na essência uma luta nacional, reveste-se contudo dessa forma nos primeiros tempos. É natural que o proletariado de cada país deva, antes de tudo, liquidar sua própria burguesia.

***

E foi como aconteceu no século XX. As várias revoluções proletárias desse século foram todas nacionais, mesmo a soviética, que englobou várias nacionalidades mas foi sobretudo russa. Nessa primeira revolução socialista da história (a Comuna de Paris não chegou a ser socialista), foi até elaborada a tese do "*socialismo em um país só*", que não foi mais do que essa aniquilação de sua própria burguesia pelos povos soviéticos. O caráter nacional das Revoluções ainda é tamanho que não dá certo imitar os processos revolucionários de um país em outro.

***

Esboçando em linhas gerais as fases do desenvolvimento proletário, descrevemos a história da guerra civil, mais ou menos oculta, que lavra na sociedade atual, até a hora em que essa guerra explode numa revolução aberta e o proletariado estabelece sua dominação pela derrubada violenta da burguesia.

Todas as sociedades anteriores, como vimos, se basearam no antagonismo entre classes opressoras e classes oprimidas. Mas para oprimir uma classe é preciso poder garantir-lhe condições tais que lhe permitam pelo menos uma existência de escravo. O servo, em plena servidão, conseguia tornar-se membro da comuna, da mesma forma que o pequeno burguês, sob o jugo do absolutismo feudal, elevava-se à categoria de burguês. O operário moderno, pelo contrário, longe de se elevar com o progresso da indústria, desce cada vez mais abaixo das condições de sua própria classe. O trabalhador cai no pauperismo, e este cresce ainda mais rapidamente que a população e a riqueza. É, pois, evidente que a burguesia é incapaz de continuar desempenhando o papel de classe dominante e de impor à sociedade, como lei suprema, as condições

58

de existência de sua classe. Não pode exercer o seu domínio porque não pode mais assegurar a existência de seu escravo, mesmo no quadro de sua escravidão, porque é obrigada a deixá-lo cair numa tal situação, que deve nutri-lo em lugar de se fazer nutrir por ele. A sociedade não pode mais existir sob sua dominação, o que quer dizer que a existência da burguesia é, doravante, incompatível com a da sociedade.

***

É um fato que o operário moderno não se eleva a burguês. Ainda decai de trabalhos especializados para não especializados, na medida em que as máquinas o permitem. Pelo contrário, pequeno-burgueses e burgueses é que são proletarizados todos os dias, derrubados por concorrentes mais ricos.

Sobre a afirmação de que a burguesia não pode mais assegurar a existência de seu escravo, só se tornou verdade com o crescimento astronômico do desemprego, que ainda vai se acentuar com os robôs. Só então, ao não ter como oferecer empregos sem derrubar os próprios lucros, a burguesia pode sustentar cada dia menos escravos. Só pode ser de desempregados que o *Manifesto* fala ao dizer que *"é obrigado a deixá-lo cair numa tal situação, que deve nutrí-lo em lugar de se fazer nutrir por ele"*.Note-se, voltando ao assunto do lumpen, que Marx não trata como tal ao trabalhador que "cai no pauperismo".

Já do ponto de vista de quanto um proletário (empregado ou mesmo desempregado) consome, o capitalismo gerou crescimento, ao menos até esse início de século XXI.

Sobre o crescimento da miséria, é um paradoxo do capitalismo que está na raiz do marxismo e de várias críticas sociais – o modo de produção que mais produziu riquezas na história humana, que sem dúvidas produz o suficiente para todos viverem com fartura, produz também enorme quantidade de miseráveis.

Por motivos óbvios, os dados sobre a miséria são os mais manipulados, no sentido de afirmar que a miséria está desaparecendo por obra do capitalismo. Dois gráficos são ótimos exemplos de mentiras desse tipo.

Observe-se no gráfica abaixo duas linhas que se contradizem. Uma ou outra tem que ser falsa. Como uma pessoa pode ser considerada acima da linha da extrema pobreza se está desnutrida? Fácil, é só medir a pobreza em um quarto de salário mínimo, que é a linha de corte agora usada pelo IBGE, seguindo padrões internacionais. É dizer que gente sem casa, sem emprego, que vive nas ruas pedindo esmolas está acima da extrema pobreza.

Política de combate à fome no Brasil
■ Subnutridos* ■ Extrema pobreza

Outro gráfico bastante mentiroso é o que está abaixo.

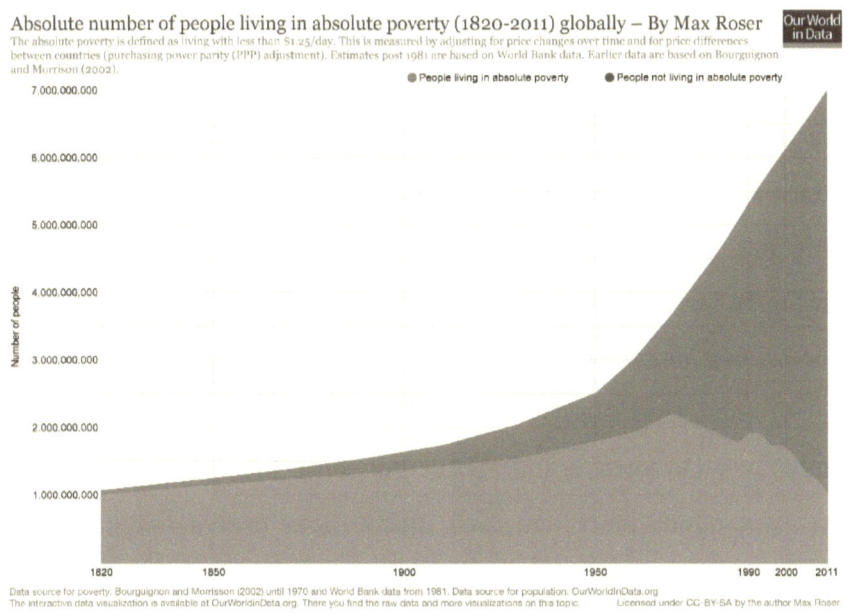

Absolute number of people living in absolute poverty (1820-2011) globally – By Max Roser

A principal mentira desse gráfico está em generalizar a miséria (em rosa) até meados do século XX. Como se viu acima, a maioria da população do planeta vivia no campo até 2007. Um

61

camponês pode ser pobre, mas tem acesso à terra, que durante quase toda a história humana foi o grande desejo da maioria da população. A vida dura no campo, produzindo em casa quase tudo do que se precisava para viver, era o padrão, era a média, não podia ser considerada miséria. Só a partir de algum momento impreciso do século XX, e diferente de país para país, destacou-se a pobreza das populações rurais, que não acompanharam a qualidade de vida urbana. Para usar uma metáfora, esse gráfico é como se alguém decidisse medir a riqueza de uma população pela posse de geladeiras sem levar em conta quando as geladeiras foram inventadas, quando elas se tornaram artigo de consumo popular etc.

Outra mentira é considerar que uma pessoa que tem 1,25 dólar por dia não é miserável. Se for assim, nem os mendigos vão entrar nesse conta. Em outras palavras, em seu final o gráfico comprova o contrário do que sugere seu desenho, que grande parte da população do planeta está na miséria.

O enunciado diz que o valor foi corrigido, o que não parace verdade, mas não tornaria o gráfico verdadeiro. Muita gente nascia e morria sem nunca pegar em uma moeda, mas estava longe de ser miserável. A única maneira de se aferir a quantidade de desnutridos em cada época e alguns locais será a continuidade das escavações de cemitérios de diferentes épocas, pois nos ossos se pode constatar informações sobre alimentação.

Os dados da FAO (Organização das Nações Unidas para Agricultura e Alimentação) são interessantes. Eles mostram a desnutrição oscilando numericamente. A curva percentual está desenhada de forma a parecer que variou muito, mas notem que ficou entre 15 e 10,5%.

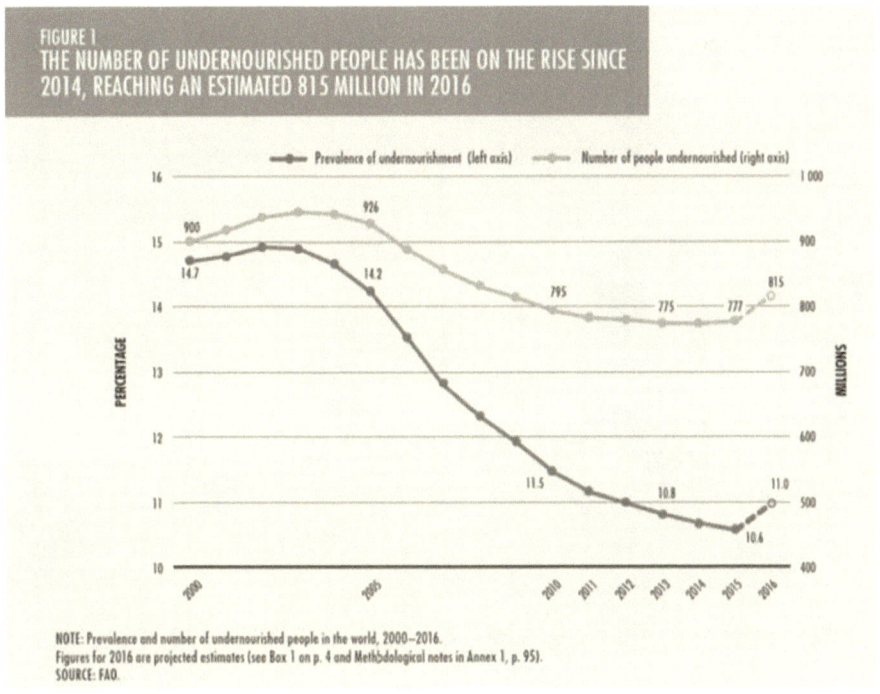

FIGURE 1
THE NUMBER OF UNDERNOURISHED PEOPLE HAS BEEN ON THE RISE SINCE 2014, REACHING AN ESTIMATED 815 MILLION IN 2016

NOTE: Prevalence and number of undernourished people in the world, 2000–2016.
Figures for 2016 are projected estimates (see Box 1 on p. 4 and Methodological notes in Annex 1, p. 95).
SOURCE: FAO.

Quase um Bilhão de pessoas desnutridas, portanto, apesar de produzirmos hoje muito mais do que seria necessário para alimentar toda a população, 2,5 bilhões de toneladas de grãos em 2017 (a mesma FAO informa que cerca de 50% de todos os alimentos produzidos no mundo são jogados fora, enquanto outras fontes

63

falam de 30%). Em estado de pobreza existem 3,4 bilhões de pessoas, metade da humanidade, segundo o Banco Mundial. Os números da FAO são menores porque ela só considera fome um estado de desnutrição que dure mais de um ano. Se a pessoa não conseguir alimentos suficientes para se saciar, isso não é considerado fome pela FAO, mas "subnutrição", e não entra no gráfico acima. Mas subnitrução é coisa grave, responsável indireta por 30% das mortes de crianças no mundo, segundo a OMS. Ainda há "má nutrição". São necessários muitos eufemismos para esconder a miséria.

Suprimento calórico mundial (%)

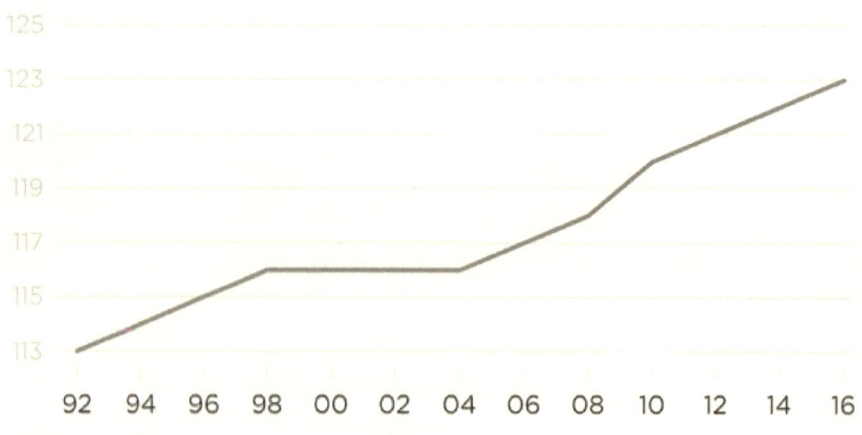

Fonte: FAO

Segundo a FAO, em 1992 o mundo já produzia 113% do necessário para alimentar toda a população, e em 2016 já produzia 123% do necessário, mas um em cada nove seres humanos passa mais de um ano passando fome ao ponto de ficar em desnutrição. Também a FAO afirma que 25% do que é jogado fora já alimentaria esses miseráveis. Não é um problema de desperdício. Se as pessoas que hoje desperdiçam pararem de comprar, simplesmente a comida se perderá nas prateleiras, mas não chegará aos que não podem comprá-la. É um problema de distribuição.

No gráfico abaixo nota-se que enquanto a população pouco mais que dobrou entre 1962 e 2014, a produção mundial de carne se multiplicou por cinco.

Figura 2.

Evolução da produção de carnes e população, entre 1962 e o estimado para 2013, e as projeções da produção, para que se mantenha a relação de 34,5kg de carne por habitante ao ano.

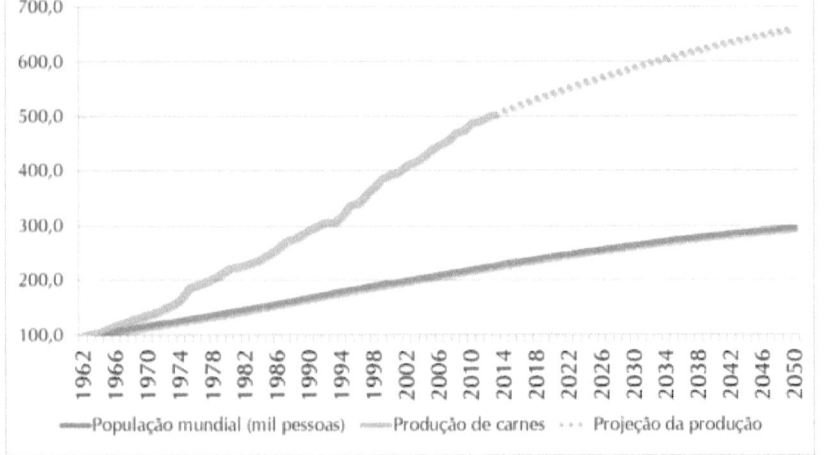

Base 100 = produção e população em 1962.
Fonte: FAO / USDA / Scot Consultoria – www.scotconsultoria.com.br

No gráfico abaixo nota-se que a produção de trigo e de milho no mesmo período cresceu quase quatro vezes.

Apesar de tanto crescimento da produção, metade da humanidade ainda está na pobreza, e um Bilhão de pessoas passam fome o ano inteiro. Um terço da população mundial tem moradias precárias ou está nas ruas.

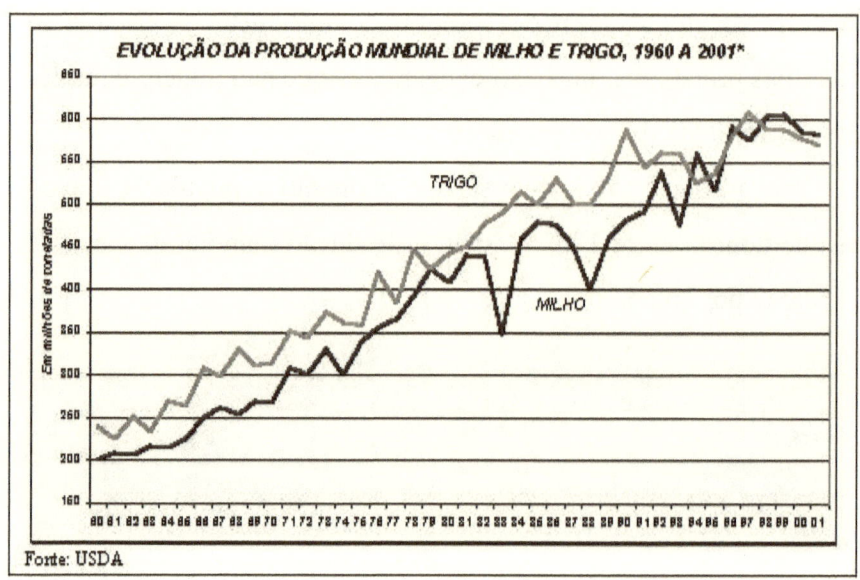

Fonte: USDA

Enorme é a concentração de riqueza.

A pirâmide da riqueza global, 2017

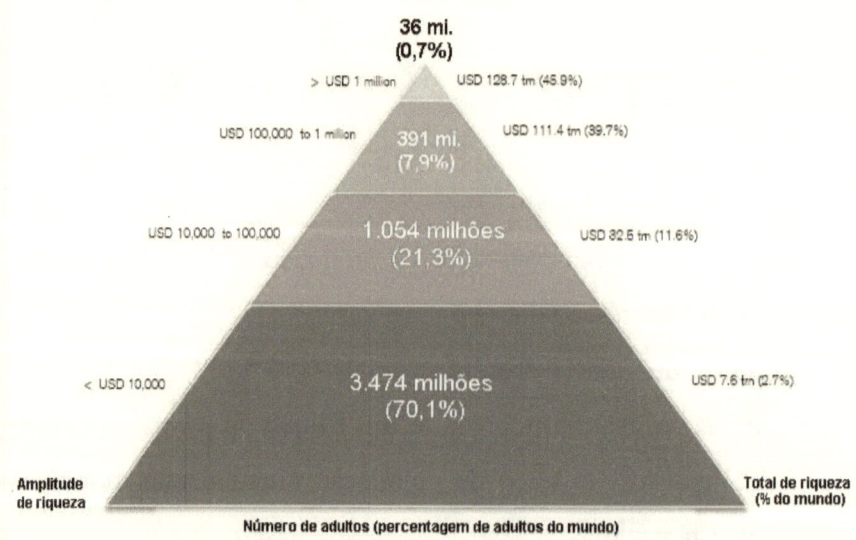

Source: James Davies, Rodrigo Lluberas and Anthony Shorrocks, Credit Suisse Global Wealth Databook 2017

Nota-se que a ponta da pirâmide, 0,7% da população mundial é dona de quase metade de toda a riqueza mundial. Ou seja, de tudo o que se produz por ano, eles ficam com metade. Como não podem humanamente gastar isso tudo, eles investem como mais riqueza. Já na base, 70% da população soma somente 2,7% das riquezas mundiais, ou seja, bens de uso, mesmo que duráveis. São pessoas que ganham do que trabalham, produzem toda a riqueza mundial, mas ficam somente com o que gastam para viver, portanto nunca acumulam, eternizam-se como empregados alheios, escravos da minoria de menos de 10% que com um capital acima de 100 mil dólares pode ser burguesa.+

***

A condição essencial da existência e da supremacia da classe burguesa é a acumulação da riqueza nas mãos dos particulares, a formação e o crescimento do capital; a condição de existência do capital é o trabalho assalariado. Este baseia-se exclusivamente na concorrência dos trabalhadores entre si. O progresso da indústria, de que a burguesia é agente passivo e inconsciente, substitui o isolamento dos operários, resultante de sua competição, por sua união revolucionária mediante a associação. Assim, o desenvolvimento da grande indústria socava o terreno em que a burguesia assentou o seu regime de produção e de apropriação dos produtos. A burguesia produz, sobretudo, seus próprios coveiros. Sua queda e a vitória do proletariado são igualmente inevitáveis.

***

As máquinas, incluindo robôs, não alteram em nada o fato de que *"a condição de existência do capital é o trabalho assalariado"*, porque elas não produzem nada. Quem produz é o trabalhador que as alimenta, vigia, conserta, limpa etc. O capital precisa de valor de mercado, não de valor de uso! As máquinas aumentam a quantidade que se pode produzir de tudo, mas isso mesmo derruba o valor de mercado das mesmas mercadorias.

Sejamos mais claros – se um capitalista conseguir alimentar, vigiar, consertar, limpar etc. a(s) própria(s) máquina(s), ele deixará de ser um capitalista. Terá se tornado um artesão, tal como um sapateiro, um dono de oficina de bicicletas, ou um oleiro. Se o torno do oleiro fosse muito, muito caro, o oleiro tentaria repassar o preço do desgaste do torno (as prestações) para as mercadorias, e se o conseguisse poderia se dar por feliz. O desgaste do maquinário não é diferente do gasto de matérias primas, precisa ser repassado, seu preço, para o consumidor. O outro custo a incluir é com mão de obra. A única mão de obra seria a do dono da(s) maquina(s), no exemplo aqui proposto. Então a concorrência faria o que? O que sempre faz –

reduz os preços. Mas existe um limite para essa redução, que são os custos.

O capital tem um custo? Do ponto de vista contábil, sim, do ponto de vista da realidade, o custo foi feito no passado. Vamos detalhar - é preciso pagá-lo ao banco, então, para qualquer empresa que use capital alheio, ele tem um custo registrado nos livros caixa. No caso, portanto, se a máquina tiver sido comprada com dinheiro emprestado, o dono dessa máquina hipotética que elimina os trabalhadores trabalhará para dar lucro ao banco. Ele mesmo terá se tornado um operário! Contudo, mesmo esse lucro do banco não é garantido. Existe uma taxa media de lucro, mas não existe uma lei que determine que o capital será sempre recompensado conforme essa taxa. Para ter lucro o capital tem que se "realizar", ou seja, fazer seu ciclo completo, e mesmo assim não há garantias. No mundo real a concorrência achata os lucros, uma vez que os capitalistas podem abrir mão deles mas não dos custos de produção.

A *"concorrência dos trabalhadores entre si"* logicamente é sobretudo entre empregados e desempregados. São os desempregados que oferecem sua força de trabalho por preços mais baixos, obrigados pelo medo da fome. É curioso que a maioria dos militantes que por gerações têm dito se inspirarem no *Manifesto Comunista* tenham se limitado a tentar organizar os trabalhadores empregados somente.

***

II – Proletários e Comunistas

Qual a posição dos comunistas diante dos proletários em geral?

Os comunistas não formam um partido à parte, oposto aos outros partidos operários.

***

É tempo de lembrar disso. O surgimento de partidos oficiais, registrados em cartório, com direções oficiais, congressos etc., criou partidos comunistas a parte dos outros partidos de trabalhadores, e isso foi um tanto quanto longe demais. Na medida em que criaram partidos à parte, os comunistas foram colocados à parte por alguns partidos. Não é possível abolir os Partidos Comunistas, então eles deviam superar esse problema.

***

Não têm interesses que os separem do proletariado em geral.

Não proclamam princípios particulares, segundo os quais, pretenderiam modelar o movimento operário.

Os comunistas só se distinguem dos outros partidos operários em dois pontos: 1) Nas diversas lutas nacionais dos proletários, destacam e fazem prevalecer os interesses comuns do proletariado, independentemente da nacionalidade. 2) Nas diferentes fases por que passa a luta entre proletários e burgueses, representam, sempre, e em toda parte, os interesses do movimento em seu conjunto.

***

Ou seja, o movimento comunista faz parte dos movimentos dos trabalhadores. Os comunistas, porém, lutam pela unidade, "interesses comuns", e têm objetivos a longo prazo, dos quais não se desfazem só porque o movimento entra em "diferentes fases".

***

Praticamente, os comunistas constituem, pois, a fração mais resoluta dos partidos operários de cada país, a fração que impulsiona as demais; teoricamente têm sobre o resto do proletariado a vantagem de uma compreensão nítida das condições, da marcha e dos fins gerais do movimento proletário.

O objetivo imediato dos comunistas é o mesmo que o de todos os demais partidos proletários: constituição dos proletários em classe, derrubada da supremacia burguesa, conquista do poder político pelo proletariado.

***

Nem na época de Marx e Engels, nem hoje, os partidos proletários todos têm esses objetivos.

***

As concepções teóricas dos comunistas não se baseiam, de modo algum, em ideias ou princípios inventados ou descobertos por tal ou qual reformador do mundo.

***

Mas infelizmente há quem tente usar os textos marxistas assim, como receitas de bolo.

É tempo de acrescentar – também Revoluções de outros países não serverm de receita. Tentar imitá-las é tão impossível quanto seguir os modelos inventados pelos utópicos.

***

São apenas a expressão geral das condições reais de uma luta de classes existente, de um movimento histórico que se desenvolve sob os nossos olhos. A abolição das relações de propriedade que têm existido até hoje não é uma característica peculiar exclusiva do comunismo.

Todas as relações de propriedade têm passado por modificações constantes em consequência das contínuas transformações das condições históricas.

A Revolução Francesa, por exemplo, aboliu a propriedade feudal em proveito da propriedade burguesa.

O que caracteriza o comunismo não é a abolição da propriedade geral, mas a abolição da propriedade burguesa.

Ora, a propriedade privada atual, a propriedade burguesa, é a última e mais perfeita expressão do modo de produção e de apropriação baseado nos antagonismos de classe, na exploração de uns pelos outros.

Neste sentido, os comunistas podem resumir sua teoria nesta fórmula única: abolição da propriedade privada.

Censuram-nos, a nós comunistas, o querer abolir a propriedade pessoalmente adquirida, fruto do trabalho do indivíduo, propriedade que se declara ser a base de toda liberdade, de toda atividade, de toda independência individual.

A propriedade pessoal, fruto do trabalho e do mérito! Pretende-se falar da propriedade do pequeno burguês, do pequeno camponês, forma de propriedade anterior à propriedade burguesa? Não precisamos aboli-la, porque o progresso da indústria já a aboliu

e continua a aboli-la diariamente. Ou por ventura pretende-se falar
da propriedade privada atual, da propriedade burguesa?

***

Mais uma vez fica claro que não é toda a propriedade que se quer abolir.

Sobre a Revolução Soviética, se pudesse seguir esse conselho (não pôde), de deixar o próprio mercado falir os pequeno burgueses, teria se poupado muito trabalho e desgaste.

***

Mas, o trabalho do proletário, o trabalho assalariado cria propriedade para o proletário? De nenhum modo. Cria o capital, isto é, a propriedade que explora o trabalho assalariado e que só pode aumentar sob a condição de produzir novo trabalho assalariado, a fim de explorá-lo novamente. Em sua forma atual a propriedade se move entre os dois termos antagônicos: capital e trabalho. Examinemos os dois termos dessa antinomia.

Ser capitalista significa ocupar não somente uma posição pessoal, mas também uma posição social na produção. O capital é um produto coletivo: só pode ser posto em movimento pelos esforços combinados de muitos membros da sociedade, e mesmo, em última instância, pelos esforços combinados de todos os membros da sociedade.

O capital não é, pois, uma força pessoal; é uma força social.

Assim, quando o capital é transformado em propriedade comum, pertencente a todos os membros da sociedade, não é uma propriedade pessoal que se transforma em propriedade social. O que se transformou foi apenas o caráter social da propriedade. Esta perde seu caráter de classe.

***

Pela terceira vez fica claro que se trata de estabelecer controle social sobre os meios de produção, que já são sociais no trabalho, e não de abolir a propriedade de bens de consumo.

Destaque-se a frase "*O capital não é, pois, uma força pessoal; é uma força social*". O capital não é a economia do burguês posta em movimento. O capital são meios de produção criados e mantidos pela sociedade.

***

Passemos ao trabalho assalariado.

O preço médio que se paga pelo trabalho assalariado é o mínimo de salário, isto é, a soma dos meios de subsistência necessária para que o operário viva como operário. Por conseguinte, o que o operário obtém com o seu trabalho é o estritamente necessário para mera conservação e reprodução de sua vida, Não queremos de nenhum modo abolir essa apropriação pessoal dos produtos do trabalho, indispensável à manutenção e à reprodução da vida humana, pois essa apropriação não deixa nenhum lucro líquido que confira poder sobre o trabalho alheio. O que queremos é suprimir o caráter miserável desta apropriação que faz com que o operário só viva para aumentar o capital e só viva na medida em que o exigem os interesses da classe dominante.

***

Aqui Marx e Engels estabelecem um limite preciso entre o que deve e o que não deve ser socializado. O que não se aceita é a propriedade que *"confira poder sobre o trabalho alheio"*.

***

Na sociedade burguesa, o trabalho vivo é sempre um meio de aumentar o trabalho acumulado. Na sociedade comunista, o trabalho acumulado é sempre um meio de ampliar, enriquecer e melhorar cada vez mais a existência dos trabalhadores.

Na sociedade burguesa, o passado domina o presente; na sociedade comunista é o presente que domina o passado. Na sociedade burguesa, o capital é independente e pessoal, ao passo que o indivíduo que trabalha não tem nem independência nem personalidade.

***

É curioso que os defensores do capitalismo estigmatizem o socialismo como uniformizador. O capitalismo é que de fato uniformiza, até porque produção em massa faz isso. O socialismo é posterior à industrialização e à uniformização. Isso foi confessado por um dos mais fanáticos defensores do capitalismo, Mises, que explicou que *"Os grandes negócios tendem, na verdade, a uma padronização das formas de consumo e de divertimento do povo"*.[13]

***

É a abolição de semelhante estado de coisas que a burguesia verbera como a abolição da individualidade e da liberdade. E com razão. Porque se trata efetivamente de abolir a individualidade burguesa, a independência burguesa, a liberdade burguesa.

---

[13]   MISES, Ludwig von. *A Mentalidade Anticapitalista.* Rio de Janeiro: Ed. José Olympio/Instituto Liberal. 1987. P.53, 43, 52.

Por liberdade, nas condições atuais da produção burguesa, compreende-se a liberdade de comércio, a liberdade de comprar e vender.

Mas, se o tráfico desaparece, desaparecerá também a liberdade de traficar. Demais, toda a fraseologia sobre a liberdade de comércio, bem como todas as bazófias liberais de nossa burguesia só têm sentido quando se referem ao comércio tolhido e ao burguês oprimido da Idade Média; nenhum sentido têm quando se trata da abolição comunista do tráfico, das relações burguesas de produção e da própria burguesia.

Horrorizai-vos porque queremos abolir a propriedade privada. Mas em vossa sociedade a propriedade privada está abolida para nove décimos de seus membros. E é precisamente porque não existe para estes nove décimos que ela existe para vós. Acusai-nos, portanto, de querer abolir uma forma de propriedade que só pode existir com a condição de privar de toda propriedade a imensa maioria da sociedade.

***

Os defensores do capitalismo fazem os pobres acreditarem que têm propriedades a perder. Suas casas, carros e outros bens de uso seriam propriedade burguesa. Na verdade só uma fração ínfima da sociedade tem hoje propriedade capitalista, mesmo porque para se encaixar perfeitamente no conceito de capitalista é necessário ter capital suficiente para viver dele. Com a constante redução da taxa média de lucros (ver gráfico abaixo), é necessário ter cada vez mais capital para continuar a ser capitalista.

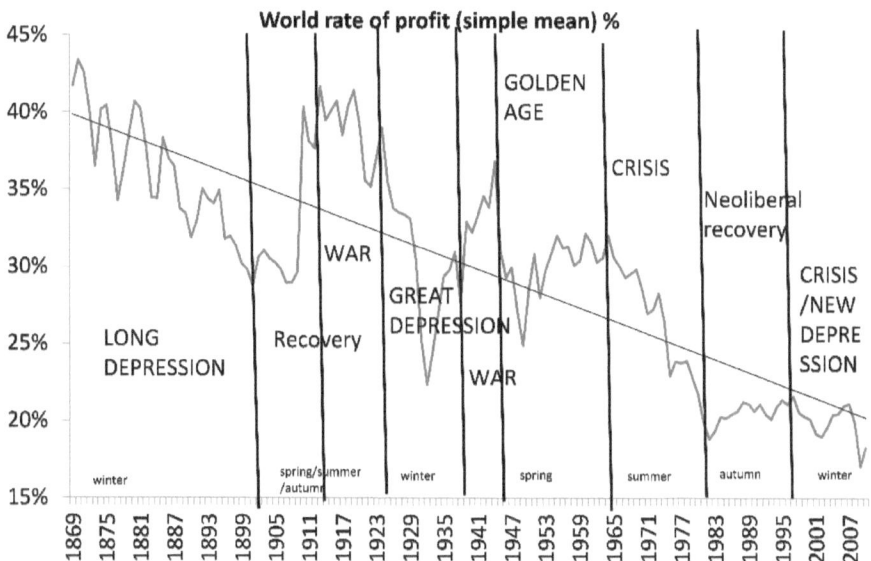

No Brasil as 5 pessoas mais ricas têm tanto dinheiro quanto a metade mais pobre da população, 100 milhões de pessoas.

***

Em resumo, acusai-nos de querer abolir vossa propriedade. De fato, é isso que queremos.

Desde o momento em que o trabalho não mais pode ser convertido em capital, em dinheiro; em renda da terra, numa palavra, em poder social capaz de ser monopolizado, isto é, desde o momento em que a propriedade individual não possa mais converter-se em propriedade burguesa, declarais que a individualidade está suprimida.

Confessais, pois, que quando falais do indivíduo, quereis referir-vos unicamente ao burguês, ao proprietário burguês. E este indivíduo, sem dúvida, deve ser suprimido.

O comunismo não retira a ninguém o poder de apropriar-se de sua parte dos produtos sociais, apenas suprime o poder de escravizar o trabalho de outro por meio dessa apropriação.

Alega-se ainda que, com a abolição da propriedade privada, toda a atividade cessaria, uma inércia geral apoderar-se-ia do mundo.

Se isso fosse verdade, há muito que a sociedade burguesa teria sucumbido à ociosidade, pois que os que no regime burguês trabalham não lucram e os que lucram não trabalham. Toda a objeção se reduz a essa tautologia: não haverá mais o trabalho assalariado quando não mais existir capital.

As acusações feitas contra o modo comunista de produção, e de apropriação dos produtos materiais têm sido feitas igualmente contra a produção e a apropriação dos produtos do trabalho intelectual. Assim como o desaparecimento da propriedade de classe equivale, para o burguês, ao desaparecimento de toda produção, também o desaparecimento da cultura de classe significa, para ele, o desaparecimento de toda a cultura.

A cultura, cuja perda o burguês deplora, é, para a imensa maioria dos homens, apenas um adestramento que os transforma em máquinas.

***

É o que se faz nas escolas filhas da Revolução Industrial e aperfeiçoadas por dois séculos de domínio capitalista – as crianças não aprendem nada de libertador, pouco conteúdo, mas aprendem bem a respeitar horários, inclusive os intervalos para comer etc., fazer trabalhos repetitivos, obedecer um chefe de seção (o professor), bajulá-lo e dedurarem uns aos outros.

***

Mas não discutais conosco enquanto aplicardes à abolição da propriedade burguesa o critério de vossas noções burguesas de liberdade, cultura, direito, etc. Vossas próprias ideias decorrem do regime burguês de produção e de propriedade burguesa, assim como vosso direito não passa da vontade de vossa classe erigida em lei, vontade cujo conteúdo é determinado pelas condições materiais de vossa existência como classe.

A falsa concepção interesseira que vos leva a erigir em leis eternas da natureza e da razão as relações sociais oriundas do vosso modo de produção e de propriedade - relações transitórias que surgem e desaparecem no curso da produção - a compartilhais com todas as classes dominantes já desaparecidas. O que admitis; para a propriedade antiga, o que admitis para a propriedade feudal, já não vos atreveis a admitir para a propriedade burguesa.

Abolição da família! Até os mais radicais ficam indignados diante desse desígnio infame dos comunistas.

Sobre que fundamento repousa a família atual, a família burguesa? No capital, no ganho individual. A família, na sua plenitude, só existe para a burguesia, mas encontra seu complemento na supressão forçada da família para o proletário e na prostituição pública.

A família burguesa desvanece-se naturalmente com o desvanecer de seu complemento, e uma e outra desaparecerão com o desaparecimento do capital.

***

Já foram feitos acima comentários sobre o desenvolvimento da teoria marxista a respeito da família. O próprio Engels escreveu *A Origem da Família, do Estado e da Propriedade Privada*, que trata do assunto pormenorizadamente. Uma coisa que ficou clara nessa obra é que a família destruída pela Revolução Industrial não foi uma suposta família burguesa, foi a família patriarcal romana.

A ideia de que a burguesia tem famílias plenas não se sustenta diante da realidade. São sobrevivências da família romana, mantidas pela muleta do domínio econômico. A ideia de que os proletários foram privados de família também não se sustenta. Os patriarcas que foram proletarizados ficaram sem seu poder de senhores sobre suas esposas e filhos. Só nesse sentido ficaram sem família. A Revolução Socialista deve, portanto, completar o serviço iniciado pela Revolução Industrial, libertando todas as pessoas economicamente, e daí acabando de vez com a família de tipo escravocrata. A família romana será substituída por outra forma básica de organização social, que ainda não conhecemos.

***

Acusai-nos de querer abolir a exploração das crianças por seus próprios pais? Confessamos este crime.

Dizeis também que destruímos os vínculos mais íntimos, substituindo a educação doméstica pela educação social.

E vossa educação não é também determinada pela sociedade, pelas condições sociais em que educais vossos filhos, pela intervenção direta ou indireta da sociedade, por meio de vossas escolas etc.? Os comunistas não inventaram essa intromissão da sociedade na educação, apenas mudam seu caráter e arrancam a educação à influência da classe dominante.

***

Progressos enormes foram obtidos nesse sentido, embora não contra o capitalismo, mas por suas necessidades. A educação doméstica não formava os operários disciplinados que a indústria precisava. As escolas públicas com salas cheias de alunos se revelaram o ambiente ideal para formar operários pacatos.

De qualquer forma, a escolarização é um caminho sem volta, uma vez que as famílias estão em profunda crise que só faz crescer há mais de 200 anos, e alguém precisa formar as crianças. Hoje, a Revolução passa necessariamente por revolucionar as escolas. A Revolução Soviética sofreu um de seus maiores revezes, com consequencias difíceis de calcular, ao não conseguir transformar a educação da forma planejada por Lênin.

***

As declamações burguesas sobre a família e a educação, sobre os doces laços que unem a criança aos pais, tomam-se cada vez mais repugnantes à medida que a grande indústria destrói todos os laços familiares do proletário e transforma as crianças em simples objetos de comércio, em simples instrumentos de trabalho.

***

Sobre os laços familiares proletários já tratamos duas vezes.

Sobre as crianças, o capitalismo realmente fez isso, mas o movimento dos trabalhadores combateu esse crime até reduzi-los aos patamares atuais, em que existe como crime.

***

Toda a burguesia grita em coro: "Vós, comunistas, quereis introduzir a comunidade das mulheres!".

Para o burguês, sua mulher nada mais é que um instrumento de produção. Ouvindo dizer que os instrumentos de produção serão explorados em comum, conclui naturalmente que haverá comunidade de mulheres. Não imagina que se trata precisamente de arrancar a mulher de seu papel atual de simples instrumento de produção.

***

Mais uma vez se revela o pioneirismo do movimento operário a respeito das mulheres. Era 1848, e na maior parte do mundo as mulheres viviam trancafiadas, ou nos prostíbulos.

***

Nada mais grotesco, aliás, que a virtuosa indignação que, a nossos burgueses, inspira a pretensa comunidade oficial das mulheres que adotariam os comunistas. Os comunistas não precisam introduzir a comunidade das mulheres. Esta quase sempre existiu.

Nossos burgueses, não contentes em ter à sua disposição as mulheres e as filhas dos proletários, sem falar da prostituição oficial, têm singular prazer em cornearem-se uns aos outros.

O casamento burguês é, na realidade, a comunidade das mulheres casadas. No máximo, poderiam acusar os comunistas de quererem substituir uma comunidade de mulheres, hipócrita e dissimulada, por outra que seria franca e oficial. De resto, é evidente que, com a abolição das relações de produção atuais, a comunidade das mulheres que deriva dessas relações, isto é, a prostituição oficial e não oficial desaparecerá.

***

O comunismo, ou seja, quando todos receberem tudo do que precisarem sem trabalhar, realmente tornará a prostituição sem sentido. Mas sob regimes socialistas, em que as máquinas ainda não fazem todo o trabalho humano e as pessoas ainda precisam receber de acordo com o que produzem, a prostituição continua, como a história já demonstrou. Quando o socialismo garante empregos para todos, reduz muito a prostituição, mas não a aniquila, não por vias econômicas.

***

Além disso, os comunistas são acusados de quererem abolir a pátria, a nacionalidade.

Os operários não têm pátria. Não se lhes pode tirar aquilo que não possuem. Como, porém, o proletariado tem por objetivo conquistar o poder político e erigir-se em classe dirigente da nação, tornar-se ele mesmo a nação, ele é, nessa medida, nacional, embora de nenhum modo no sentido burguês da palavra.

***

Infelizmente grande parte da esquerda compreende isso muito mal, assim como os dissidentes de direita por motivos nacionalistas. Esses dois extremos não conseguem perceber a síntese do marxismo a respeito. Uns querem que as nações não existam, não entendem que o povo vive em nações, que os trabalhadores têm suas vidas pioradas ou melhoradas de acordo com o destino de suas nações, e que precisam tomar o poder primeiro em seus próprios países. Outros querem colocar as nações, como se fossem naturais, acima da história. Não entendem que elas são realidade de nosso momento histórico, necessárias nesse momento, para assuntos dos nossos dias, e só. A história das nações atuais é quase sempre uma história de fusões de vários povos, culturas, de antigas nações, e ao que tudo indica a tendência continua sendo a da fusão da humanidade. Por exemplo, no Brasil, até antes da década de 1930, quando se falava de nação as pessoas pensavam em São Paulo, Minas Gerais etc., não no Brasil. Hoje é crescente o número de pessoas que falam em uma grande nação latino americana, a Pátria Grande, da qual o Brasil seria uma parte. Não há porque resistir à história das nações, nem para negá-las, nem para idolatrá-las.

***

As demarcações e os antagonismos nacionais entre os povos desaparecem cada vez mais com o desenvolvimento da burguesia, com a liberdade do comércio e o mercado mundial, com a uniformidade da produção industrial e as condições de existência que lhes correspondem.

A supremacia do proletariado fará com que tais demarcações e antagonismos desapareçam ainda mais depressa. A ação comum do proletariado, pelo menos nos países civilizados, é uma das primeiras condições para sua emancipação.

Suprimi a exploração do homem pelo homem e tereis suprimido a exploração de uma nação por outra.

Quando os antagonismos de classes, no interior das nações, tiverem desaparecido, desaparecerá a hostilidade entre as próprias nações.

***

A queda de regimes socialistas de 5ª categoria no Leste Europeu provou isso. Sob o capitalismo logo se multiplicaram as divergências nacionais, aconteceram guerras e extermínios. Até um socialismo de meia tigela tinha contido as hostilidades nacionais.

***

Quanto às acusações feitas aos comunistas em nome da religião, da filosofia e da ideologia em geral, não merecem um exame aprofundado.

Será preciso grande perspicácia para compreender que as ideias, as noções e as concepções, numa palavra, que a consciência

89

do homem se modifica com toda mudança sobrevinda em suas condições de vida, em suas relações sociais, em sua existência social?

Que demonstra a história das ideias senão que a produção intelectual se transforma com a produção material? As ideias dominantes de uma época sempre foram as ideias da classe dominante.

Quando se fala de ideias que revolucionam uma sociedade inteira, isto quer dizer que, no seio da velha sociedade, se formaram os elementos de uma nova sociedade e que a dissolução das velhas ideias marcha de par com a dissolução das antigas condições de vida.

Quando o mundo antigo declinava, as velhas religiões foram vencidas pela religião cristã; quando, no século XVIII, as ideias cristãs cederam lugar às ideias racionalistas, a sociedade feudal travava sua batalha decisiva contra a burguesia então revolucionária. As ideias de liberdade religiosa e de liberdade de consciência não fizeram mais que proclamar o império da livre concorrência no domínio do conhecimento.

"Sem dúvida, - dir-se-á -, as ideias religiosas, morais, filosóficas, políticas, jurídicas, etc., modificaram-se no curso do desenvolvimento histórico, mas a religião, a moral, a filosofia, a política, o direito mantiveram-se sempre através dessas transformações.

90

"Além disso, há verdades eternas, como a liberdade, a justiça, etc., que são comuns a todos os regimes sociais. Mas o comunismo quer abolir estas verdades eternas, quer abolir a religião e a moral, em lugar de lhes dar uma nova forma, e isso contradiz todo o desenvolvimento histórico anterior".

A que se reduz essa acusação? A história de toda a sociedade até nossos dias consiste no desenvolvimento dos antagonismos de classes, antagonismos que se têm revestido de formas diferentes nas diferentes épocas,

Mas qualquer que tenha sido a forma desses antagonismos, a exploração de uma parte da sociedade por outra é um fato comum a todos os séculos anteriores. Portanto, nada há de espantoso que a consciência social de todos os séculos, apesar de toda sua variedade e diversidade, se tenha movido sempre sob certas formas comuns, formas de consciência que só se dissolverão completamente com o desaparecimento total dos antagonismos de classes.

***

Aqui, como foi feito logo no início, é necessário a ressalva feita pelo próprio Engels em um pé de página acima – Não é correto que *"a exploração de uma parte da sociedade por outra é um fato comum a todos os séculos anteriores"*. Na verdade só se tornou comum nos 50 ou 70 séculos anteriores. As classes sociais, a exploração de uma parte da sociedade por outra, teve que nascer, não existiu sempre. Só puderam surgir quando a sociedade passou a conseguir produzir excedentes suficientes para isso, por motivos óbvios.

***

A revolução comunista é a ruptura mais radical com as relações tradicionais de propriedade; nada de estranho, portanto, que no curso de seu desenvolvimento, rompa, de modo mais radical, com as ideias tradicionais.

Mas deixemos de lado as objeções feitas pela burguesia ao comunismo.

Vimos acima que a primeira fase da revolução operária é o advento do proletariado como classe dominante, a conquista da democracia.

O proletariado utilizará sua supremacia política para arrancar pouco a pouco todo capital à burguesia, para centralizar todos os instrumentos de produção nas mãos do Estado, isto é, do proletariado organizado em classe dominante, e para aumentar, o mais rapidamente possível, o total das forças produtivas.

***

Sobretudo depois de 1871 Marx e Engels abriram mão dessa ilusão de arrancar o capital da burguesia "pouco a pouco" utilizando a "democracia". A Revolução de 1848 já dissolveu essa ilusão, mas em 1871 aconteceu a Comuna de Paris, ensinando que o proletariado, para ser classe dominante, precisa de um novo tipo de estado, pois não lhe serve a democracia burguesa. Se o caminho não é pela democracia burguesa, também não tem sido "pouco a pouco". Já foi fácil confiscar quase todo o capital burguês em 1917, e como a concentração de riquezas só fez aumentar, ficou mais fácil ainda.

Além da facilidade, acaba existindo a necessidade, pois o que os burgueses têm feito quando vêem os proletários no poder é utilizar o controle que exercem sobre os meios de produção, transporte etc. para sabotar a economia. Retirar o controle burguês sobre a economia, ou seja, sobre o capital, se torna portanto indispensável.

***

Isto naturalmente só poderá realizar-se, a princípio, por uma violação despótica do direito de propriedade e das relações de produção burguesas, isto é, pela aplicação de medidas que, do ponto de vista econômico, parecerão insuficientes e insustentáveis, mas que no desenrolar do movimento ultrapassarão a si mesmas e serão indispensáveis para transformar radicalmente todo o modo de produção.

Essas medidas, é claro, serão diferentes nos vários países.

***

E se fez tanta celeuma em torno do conceito de "socialismo em um país só", de Stálin! Seria, diziam seus opositores, contra o internacionalismo de Marx. No próprio *Manifesto* ai está dito por Marx que em cada país a história só pode ser diferente.

***

Todavia, nos países mais adiantados, as seguintes medidas poderão geralmente ser postas em prática:
1 - Expropriação da propriedade latifundiária e emprego da renda da terra em proveito do Estado.

***

Note-se bem – o *Manifesto Comunista* previa que a terra fosse arrendada a particulares! Existe uma concepção de socialismo completamente estatista, segundo a qual a terra, por exemplo, deveria não somente ser propriedade pública, mas diretamente administrada pelo estado. Não há nada no marxismo contra fazendas estatais, muito pelo contrário, mas os marxistas também não têm problemas com arrendar a terra para quem quiser trabalhar e ganhar dinheiro. E o fim do dinheiro? Só quando as máquinas estiverem plantando, colhendo, tratando, distribuindo, cozinhando etc. sem necessidade de nenhum humano, e sob controle coletivo dos mesmos. Ai dinheiro deixará de ter utilidade. Antes disso é impossível abolir o dinheiro. Vários povos que não tinham dinheiro oficial usavam outras coisas na função de dinheiro, como metais, sementes de cacau, gado etc. Existindo comércio, logo surge alguma forma de dinheiro.

***

2 - Imposto fortemente progressivo.

***

Isso tem sido conquistado nos países culturalmente mais avançados, onde os trabalhadores são mais organizados e fortes. Tornou-se uma bandeira até mesmo de setores que não são de esquerda.

***

3 - Abolição do direito de herança.

***

A herança não foi abolida, mas sobre ela foram criados impostos, que nos países mais avançados são grandes e progressistas, e pequenos nos países atrasados e dominados.

Proudhon chegou a defender o fim das heranças como solução final, como forma de chegar à justiça social. Marx não era tão inocente e criticou duramente essa ilusão de Proudhon. Defendia por justiça, mas sabia que era uma medida de pequeno impacto, que não mudaria o modo de produção. Ai estão vários países capitalistas que continuam capitalistas com impostos de até 70% sobre as heranças.

***

4 - Confisco da propriedade de todos os emigrados e sediciosos.

***

Ou seja, dos contrarrevolucionários. Trata-se de uma medida política com vantagens econômicas. Ela pressupõe também que os bens dos que apoiarem a Revolução serão poupados. Fique ainda mais claro – o *Manifesto Comunista* propõe medidas de transição, não a aplicação imediata de medidas comunistas, que exigiriam que os robôs já estivessem produzindo tudo.

***

5 - Centralização do crédito nas mãos do Estado por meio de um banco nacional com capital do Estado e com o monopólio exclusivo.

***

Essa medida foi mal utilizada pelas revoluções socialistas que caíram, que não souberam explorar seu potencial. Não entenderam que a pequena burguesia deve ser permitida e controlada pelos bancos. Tentaram socializar o que ainda não é socializável, e que portanto deve ser controlado por via bancária. Além de colocá-los (aos revolucionários) em guerra com a pequena burguesia, e empurrá-la para o contrabando sob as bênçãos das potências capitalistas, isso os obrigou a administrar pequenas oficinas, pequenas fábricas, comércio etc., multiplicando a corrupção.

Não faz diferença para a sociedade se um trabalhador oferece uma hora de trabalho como assalariado ou como autônomo. Se um taxista é dono ou não do taxi com o qual trabalha, para a sociedade cada hora de trabalho dele vale o mesmo. Ser dono de um pequeno negócio não faz de um trabalhador um capitalista.

É a Revolução Industrial, não a Socialista, que socializa a produção!!! Só é possível e necessário socializar o controle do que já está socializado na prática do trabalhar. Os setores que não são ainda indústria não são socializáveis, são restos de um mundo antigo, pré-capitalista, portanto pré-socializável. O desenvolvimento das forças produtivas deve ser estimulado, e vai liquidar setor por setor da pequena burguesia sem necessidade de medidas repressivas. Enquanto isso a pequena burguesia deve ser controlada e comprada pelos bancos.

***

6 - Centralização, nas mãos do Estado, de todos os meios de transporte.

***

Contra todas as revoluções do século XX e XXI a burguesia utilizou seu controle sobre os transportes para sabotar a economia, provando que essa medida é indispensável.

***

7 - Multiplicação das fábricas e dos instrumentos de produção pertencentes ao Estado, arroteamento das terras incultas e melhoramento das terras cultivadas, segundo um plano geral.

8 - Trabalho obrigatório para todos, organização de exércitos industriais, particularmente para a agricultura.

***

O próprio Marx diz diferentes coisas sobre o assunto. Diz que um dia as máquinas farão quase tudo, e o trabalho será dispensável, de forma que então não fará sentido ele ser obrigatório. Diz que sob o socialismo cada um receberá segundo o seu trabalho, entre outros motivos porque a mentalidade ainda será capitalista. Que cada um receba segundo seu trabalho não exclui que o trabalho seja obrigatório, mas nota-se que são princípios diferentes.

Na prática o trabalho obrigatório foi útil em situações de guerra, não só em países socialistas. Como política permanente gerou problemas diversos, desde a baixa produtividade até dissidências políticas.

A organização de "exércitos industriais" tem sido vista por muitos somente como forma de enfrentar o desemprego. Que erro! Esquecem que Marx destacava a cooperação, o trabalho coletivo, como forma de aumentar a produtividade. O que ele vê no socialismo é a possibilidade de mobilizar centenas de milhares de homens, muitas vezes mais do que uma grande empresa poderia contratar, para fazer coisas incríveis, que multiplicariam as forças produtivas.

Outra consequência que tem sido esquecida de se empregar todo mundo que quiser emprego é reduzir drasticamente as fileiras do lumpen, subclasse na qual os capitalistas recrutam a maioria de seus capangas.

***

9 - Combinação do trabalho agrícola e industrial, medidas tendentes a fazer desaparecer gradualmente a distinção entre a cidade e o campo.

***

As máquinas estão fazendo isso, destacadamente nos países mais desenvolvidos. Mas até nas grandes plantações de soja do Brasil já são robôs que dirigem os tratores, ou mais precisamente, os tratores são robôs. O trabalho do funcionário que os controla é na frente de computadores, como em qualquer escritório urbano, e talvez ele mesmo esteja na cidade, a milhares de quilómetros de distância dos tratores.

***

10 - Educação pública e gratuita de todas as crianças, abolição do trabalho das crianças nas fábricas, tal como é praticado hoje. Combinação da educação com a produção material, etc.

***

A educação pública e gratuita, como já se comentou acima, tem sido amplamente conquistada, em vários países. O trabalho das crianças nas fábricas tem sido combatido e reduzido aos patamares vistos acima. A última frase em poucos países foi posta em prática. Corresponde à ideia de uma educação teórica e prática, ou seja, com trabalho nas escolas. Por isso a ressalva *"como é praticada hoje"* ao tratar de trabalho infantil.

***

Uma vez desaparecidos os antagonismos de classe no curso do desenvolvimento, e sendo concentrada toda a produção propriamente falando nas mãos dos indivíduos associados, o poder público perderá seu caráter político. O poder político é o poder organizado de uma classe para a opressão de outra. Se o proletariado, em sua luta contra a burguesia, se constitui

101

forçosamente em classe, se se converte por uma revolução em classe dominante e, como classe dominante, destrói violentamente as antigas relações de produção, destrói juntamente com essas relações de produção, as condições dos antagonismos entre as classes e as classes em geral e, com isso, sua própria dominação como classe.

***

Note-se que não se trata, com o perdão de um feio neologismo, de um "proletarismo". O poder do proletariado não é desejado por si só, ele tem uma função, que inclui a extinção do próprio proletariado, que pode se libertar desenvolvendo as forças produtivas (ah se Marx conhecesse o conceito de robô!).

***

Em lugar da antiga sociedade burguesa, com suas classes e antagonismos de classes, surge uma associação onde o livre desenvolvimento de cada um é a condição do livre desenvolvimento de todos.

***

Há quem acuse o marxismo de desprezar a individualidade, ou até mesmo de ser contra ela. Tal acusação não resiste à leitura do *Manifesto*. Vamos repetir – *"o livre desenvolvimento de cada um é a condição do livre desenvolvimento de todos"*.

A liberdade humana é objetivo recorrente nos livros de Marx e Engels.

***

III - Literatura Socialista e Comunista

***

Aqui Marx e Engels vão combater as várias correntes políticas que então se diziam socialistas ou eram conhecidas como tal. Quase tudo isso já escorreu pela areia da história, são correntes extintas.

***

1. O Socialismo Reacionário

(a) O Socialismo Feudal

Devido à sua posição histórica, as aristocracias da França e da Inglaterra viram-se chamadas a lançar libelos contra a sociedade burguesa. Na revolução francesa de julho de 1830, no movimento reformador inglês, tinham sucumbido mais uma vez sob os golpes desta odiada arrivista. Elas não podiam mais travar uma luta política séria; só lhes restava a luta literária. Ora, também no domínio literário, tornara-se impossível a velha fraseologia da Restauração[14].

Para criar simpatias, era preciso que a aristocracia fingisse descurar seus próprios interesses e dirigisse sua acusação contra a burguesia, aparentando defender apenas os interesses da classe operária explorada. Desse modo, entregou-se ao prazer de cantarolar sátiras sobre os novos senhores e de lhe segredar ao ouvido profecias de mau augúrio.

Assim nasceu o socialismo feudal, onde se mesclavam jeremiadas e libelos, ecos do passado e ameaças sobre o futuro. Se por vezes a sua critica amarga, mordaz e espirituosa feriu a burguesia no coração, sua impotência absoluta de compreender a marcha da história moderna terminou sempre por um efeito cômico.

14

A guisa de bandeira, estes senhores arvoraram a sacola do mendigo, a fim de atrair o povo; mas logo que este acorreu, notou suas costas ornadas com os velhos brasões feudais e dispersou-se com grandes gargalhadas irreverentes.

Uma parte dos legitimistas franceses e a "Jovem Inglaterra" ofereceram ao mundo esse espetáculo divertido[15].

Quando os campeões do feudalismo demonstram que o modo de exploração feudal era diferente do da burguesia, esquecem uma coisa: que o feudalismo explorava em circunstâncias e condições completamente diversas e hoje em dia caducas. Quando ressaltam que sob o regime feudal o proletariado moderno não exista, esquecem uma coisa: que a burguesia moderna é precisamente um fruto necessário de seu regime social.

Aliás, ocultam tão pouco o caráter reacionário de sua crítica, que sua principal queixa contra a burguesia consiste justamente em dizer que esta assegura sob o seu regime o desenvolvimento de uma classe que fará ir pelos ares toda a antiga ordem social.

O que reprovam à burguesia é mais o ter produzido um proletariado revolucionário, que o haver criado o proletariado em geral.

---

[15] Não se trata da Restauração inglesa de 1660-1689. mas da francesa de 1814-1830. (Nota de F. Engels A edição inglesa de 1888). **"Jovem Inglaterra"** Círculo fundado aproximadamente em 1842 e integrado por aristocratas, políticos e literatos do Partido Conservador Britânico. Seus mais destacados representantes eram Disraeli, Carlyle e outros (N. da R.)

Por isso, na luta política participam ativamente de todas as medidas de repressão contra a classe trabalhadora. E, na vida diária, a despeito de sua pomposa fraseologia, conformam-se perfeitamente em colher os frutos de ouro da árvore da indústria e trocar honra, amor e fidelidade pelo comércio de lã, açúcar de beterraba e aguardente[16].

***

O socialismo feudal desapareceu, mas forças que se passam por socialistas e ajudam a reprimir os trabalhadores ainda existem e são muitas.

***

Do mesmo modo que o pároco e o senhor feudal marcharam sempre de mãos dadas, o socialismo clerical marcha lado a lado com o socialismo feudal.

---

[16] Isto se refere em primeiro lugar à Alemanha, onde os latifundiários aristocratas e os junkers [pequena nobreza rural] (N. da Ed. Bras.) cultivam por conta própria grande parte de suas terras com ajuda de administradores, e possuem, além disso, grandes fábricas de açúcar de beterraba e destilarias de aguardente de batata. Os mais prósperos aristocratas britânicos não chegaram ainda a tanto; porém, também sabem como compensar a diminuição de suas rendas, emprestando seus nomes aos fundadores de toda classe de sociedades anônimas. de reputação mais ou menos duvidosa (Nota de Engels à edição inglesa de 1888).

Nada é mais fácil que recobrir o ascetismo cristão com um verniz socialista. Não se ergueu também o cristianismo contra a propriedade privada, o matrimônio, o Estado? E em seu lugar não predicou a caridade e a pobreza, o celibato, a mortificação da carne, a vida monástica e a Igreja? O socialismo cristão não passa de água benta com que o padre consagra o despeito da aristocracia.

***

O socialismo cristão continua existindo, embora nem sempre conscientemente cristão. Foi o caso do petismo no Brasil.

***

(b) O Socialismo Pequeno-burguês

Não é a aristocracia feudal a única classe arruinada pela burguesia, não é a única classe cujas condições de existência se estiolam e perecem na sociedade burguesa moderna. Os pequenos burgueses e os pequenos camponeses da Idade Média foram os precursores da burguesia moderna. Nos países onde o comércio e a indústria são pouco desenvolvidos, esta classe continua a vegetar ao lado da burguesia em ascensão.

Nos países onde a civilização moderna está florescente, forma-se uma nova classe de pequenos burgueses, que oscila entre o proletariado e a burguesia; fração complementar da sociedade burguesa, ela se reconstitui incessantemente. Mas os indivíduos que a compõem se vêem constantemente precipitados no proletariado, devido à concorrência; e, com a marcha progressiva da grande indústria, sentem aproximar-se o momento em que desaparecerão completamente como fração independente da sociedade moderna e em que serão substituídos no comércio, na manufatura, na agricultura, por capatazes e empregados.

***

A pequena burguesia, quase completamente proletarizada, restou ainda assim como única classe numericamente significativa além do proletariado e da burguesia. O lumpen não tem condições de se organizar em classe, é só um monte de gente. O campesinato, em países como o Brasil, já quase desapareceu. Sem pequena burguesia a burguesia não se sustentaria uma semana no poder, e por sua vez o proletariado não tem outro aliado a recorrer – é uma moribunda valiosa!

Cada vez mais os pequenos burgueses não passam de proletarios, ou mesmo de lumpen, convencidos de que são burgueses.

Muitas vezes trabalham mais e recebem menos que um operário medianamente especializado.

***

Nos países como a França, onde os camponeses constituem bem mais da metade da população, é natural que os escritores que se batiam pelo proletariado contra a burguesia, aplicassem à sua crítica do regime burguês critérios pequeno-burgueses e camponeses e defendessem a causa operária do ponto de vista da pequena burguesia. Desse modo se formou o socialismo pequeno-burguês. Sismondi é o chefe dessa literatura, não somente na França, mas também na Inglaterra.

***

Deve-se saber que n'*O Capital* Marx cita Sismondi de Sismondi com frequência, e quase sempre de forma positiva, ou seja, como base de apoio. Portanto, Sismondi é uma das fontes do marxismo.

Também se nota, confirmando o que foi dito acima, que Marx e Engels sabiam muito bem que os camponeses ainda eram a maioria da população em 1848.

***

Esse socialismo analisou com muita penetração as contradições inerentes às relações de produção modernas. Pôs a nu as hipócritas apologias dos economistas. Demonstrou de um modo irrefutável os efeitos mortíferos das máquinas e da divisão do trabalho, a concentração dos capitais e da propriedade territorial, a superprodução, as crises, a decadência inevitável dos pequenos burgueses e camponeses, a miséria do proletariado, a anarquia na produção, a clamorosa desproporção na distribuição das riquezas, a guerra industrial de extermínio entre as nações, a dissolução dos velhos costumes, das velhas relações de família, das velhas nacionalidades.

***

Por "economistas" Marx e Engels denominavam uma corrente política/teórica, os liberais, desde os clássicos até os Stuart Mill, e não as pessoas que estudam economia, pois nesse caso ambos se enquadrariam.

***

Todavia, a finalidade real desse socialismo pequeno-burguês é ou restabelecer os antigos meios de produção e de troca e, com eles, as antigas relações de propriedade e a sociedade antiga, ou então fazer entrar à força os meios modernos de produção e de troca no quadro estreito das antigas relações de propriedade que foram destruídas e necessariamente despedaçadas por eles. Num e noutro caso, esse socialismo é ao mesmo tempo reacionário e utópico.

Para a manufatura, o regime corporativo; para a agricultura, o regime patriarcal: eis a sua última palavra.

***

O muito que sobrou dessas bandeiras são defesas da agricultura familiar, de pouca influência.

***

Por fim, quando os obstinados fatos históricos lhe fizeram passar completamente a embriaguez, essa escola socialista abandonou-se a uma verdadeira prostração de espírito.

(c) O Socialismo Alemão ou o "Verdadeiro" Socialismo

***

111

Eis uma força política que há muito desapareceu. Era assunto de Marx e Engels em seu próprio país, com seus próprios capitalistas.

***

A literatura socialista e comunista da França, nascida sob a pressão de uma burguesia dominante, expressão literária da revolta contra esse domínio, foi introduzida na Alemanha quando a burguesia começava a sua luta contra o absolutismo feudal.

Filósofos, semifilósofos e impostores alemães lançaram-se avidamente sabre essa literatura, mas esqueceram que, com a importação da literatura francesa na Alemanha, não eram importadas ao mesmo tempo as condições sociais da França. Nas condições alemãs, a literatura francesa perdeu toda significação prática imediata e tomou um caráter puramente literário. Aparecia apenas como especulação ociosa sobre a realização da natureza humana. Por isso, as reivindicações da primeira revolução francesa só eram, para os filósofos alemães do século XVIII, as reivindicações da "razão prática" em geral; e a manifestação da vontade dos burgueses revolucionários da França não expressava a seus olhos, senão as leis da vontade pura, da vontade tal como deve ser, da vontade verdadeiramente humana.

O trabalho dos literatos alemães limitou-se a colocar as ideias francesas em harmonia com a sua velha consciência filosófica, ou antes a apropriar-se das ideias francesas sem abandonar seu próprio ponto de vista filosófico.

Apropriaram-se delas como se assimila uma língua estrangeira: pela tradução.

Sabe-se que os monges recobriam os manuscritos das obras clássicas da antiguidade pagã com absurdas lendas sabre santos católicos. Os literatos alemães agiram em sentido inverso a respeito da literatura francesa profana. Introduziram suas insanidades filosóficas no original francês. Por exemplo, sob a crítica francesa das funções do dinheiro, escreveram da "alienação humana"; sob a crítica francesa do Estado burguês, escreveram "eliminação do poder da universalidade abstrata", e assim por diante.

A esta interpolação da fraseologia filosófica nas teorias francesas deram o nome de "filosofia da ação", "verdadeiro socialismo", "ciência alemã do socialismo" "justificação filosófica do socialismo" etc.

Desse modo, emascularam completamente a literatura socialista e comunista francesa. E como nas mãos dos alemães essa literatura deixou de ser a expressão da luta de uma classe contra outra, eles se felicitaram por ter-se elevado acima da "estreiteza francesa" e ter defendido não verdadeiras necessidades, mas a "necessidade do verdadeiro"; não os interesses do proletário, mas os

interesses do ser humano, do homem em geral, do homem que não
pertence a nenhuma classe nem a realidade alguma e que só existe
no céu brumoso da fantasia filosófica.

***

O mesmo tem sido feito, em outras conjunturas, por outras forças políticas, inclusive com (contra) o marxismo. São constantes as tentativas de um marxismo sem luta de classes, sem ditadura do proletariado, sem revolução, sem socialismo.

***

Esse socialismo alemão que tão solenemente levava a sério seus desajeitados exercícios de escolar e que os apregoava tão charlatanescamente, perdeu, não obstante, pouco a pouco, seu inocente pedantismo.

A luta da burguesia alemã e especialmente da burguesia prussiana contra os feudais e a monarquia absoluta, numa palavra, o movimento liberal, tornou-se mais sério.

Desse modo, apresentou-se ao verdadeiro socialismo a tão desejada oportunidade de contrapor ao movimento político as reivindicações socialistas. Pôde lançar os anátemas tradicionais contra o liberalismo, o regime representativo, a concorrência

114

burguesa, a liberdade burguesa de imprensa, o direito burguês, a liberdade e a igualdade burguesas; pôde pregar às massas que nada tinham a ganhar, mas, pelo contrário, tudo a perder nesse movimento burguês. O socialismo alemão esqueceu, muito a propósito, que a crítica francesa, da qual era o eco monótono, pressupunha a sociedade burguesa moderna com as condições materiais de existência que lhe correspondem e uma constituição política adequada. Precisamente as coisas que, na Alemanha, se tratava ainda de conquistar.

Para os governos absolutos da Alemanha, com seu cortejo de padres, pedagogos, fidalgos rurais e burocratas, esse socialismo converteu-se em espantalho para amedrontar a burguesia que se erguia ameaçadora.

Juntou sua hipocrisia adocicada aos tiros e às chicotadas com que esses mesmos governos respondiam aos levantes dos operários alemães.

Se o "verdadeiro socialismo" se tomou assim uma arma nas mãos dos governos contra a burguesia alemã, representava, além disso, diretamente um interesse reacionário, o interesse da pequena burguesia alemã. A classe dos pequenos burgueses, legada pelo século XVI, e desde então renascendo sem cessar sob formas diversas, constitui na Alemanha a verdadeira base social do regime estabelecido.

Mantê-la é manter na Alemanha o regime estabelecido. A supremacia industrial e política da burguesia ameaça a pequena burguesia de destruição certa, de um lado, pela concentração dos capitais, de outro, pelo desenvolvimento de um proletariado revolucionário. O "verdadeiro socialismo" pareceu aos pequenos burgueses como uma arma capaz ele aniquilar esses dois inimigos. Propagou-se como uma epidemia.

A roupagem tecida com os fios imateriais da especulação, bordada com as flores da retórica e banhada de orvalho sentimental, essa roupagem na qual os socialistas alemães envolveram o miserável esqueleto das suas "verdades eternas", não fez senão ativar a venda de sua mercadoria entre tal público.

Por outro lado, o socialismo alemão compreendeu cada vez mais que sua vocação era ser o representante grandiloquente dessa pequena burguesia.

Proclamou que a nação alemã era a nação tipo e o filisteu alemão, o homem tipo. A todas as infâmias desse homem tipo deu um sentido oculto, um sentido superior e socialista, que as tornava exatamente o contrário do que eram. Foi consequente até o fim, levantando-se contra a tendência "brutalmente destruidora" do comunismo, declarando que pairava imparcialmente acima de todas as lutas de classes. Com poucas exceções, todas as pretensas publicações socialistas ou comunistas que circulam na Alemanha pertencem a esta imunda e enervante literatura[17].

116

2. O Socialismo Conservador ou Burguês

***

Quase todo o socialismo não-marxista que ainda existe, embora não o confesse, é desse tipo.

***

Uma parte da burguesia procura remediar os males sociais com o fim de consolidar a sociedade burguesa.

Nessa categoria enfileiram-se os economistas, os filantropos, os humanitários, os que se ocupam em melhorar a sorte da classe operária, os organizadores de beneficências, os protetores dos animais, os fundadores das sociedades de temperança, enfim os reformadores de gabinete de toda categoria. Chegou-se até a elaborar esse socialismo burguês em sistemas completos.

Como exemplo, citemos a Filosofia da Miséria *de Proudhon.*

Os socialistas burgueses querem as condições de vida da sociedade moderna sem as lutas e os perigos que dela decorrem

---

17   A tormenta revolucionária de 1848 varreu toda essa lastimável escola e tirou a seus partidários qualquer vontade de continuar brincando de socialismo. 0 principal representante e o tipo clássico desta escola é o Sr. Karl Grun. [Nota de Engels A edição alemã de 1890).

fatalmente. Querem a sociedade atual, mas eliminando os elementos que a revolucionam e a dissolvem. Querem a burguesia sem o proletariado. Como é natural, a burguesia concebe o mundo em que domina como o melhor dos mundos. O socialismo burguês elabora em um sistema mais ou menos completo essa concepção consoladora. Quando convida o proletariado a realizar esses sistemas e entrar na nova Jerusalém, no fundo o que pretende é induzi-lo a manter-se na sociedade atual, desembaraçando-se, porém, do ódio que ele vota a essa sociedade.

***

Pós 1917, como reação à Revolução Soviética, os capitalistas adotaram várias medidas práticas nesses sentido. O grande teórico das medidas práticas para atenuar os defeitos do capitalismo foi Keynes. Sem o keynesianismo o capitalismo já teria desaparecido.

***

Uma outra forma desse socialismo, menos sistemática, porém mais prática, procura fazer com que os operários se afastem de qualquer movimento revolucionário, demonstrando-lhes que não será tal ou qual mudança política, mas simplesmente uma transformação das condições de vida material das relações

118

econômicas; que poderá ser proveitosa para eles. Notai que, por transformação das condições da vida material, esse socialismo não compreende, em absoluto, a abolição das relações burguesas de produção - o que só é possível por via revolucionária – mas, apenas, reformas administrativas fundamentadas nessas condições de produção e que, portanto, não afetam as realizadas sobre a base das próprias relações entre o capital e o trabalho assalariado, servindo, na melhor hipóteses, para diminuir os gastos da burguesia com seu domínio e simplificar o trabalho administrativo de seu Estado.

***

Lênin chamava esse tipo de política de "economicista". No movimento operário "economicismo" seria exatamente tentar afastar os operários das lutas políticas e desviar suas forças somente para reivindicações econômicas, secundárias - os operários poderiam lutar por salários, mas não por direitos políticos. Deveriam, eles próprios, se rebaixarem a cidadãos de segunda categoria, que não fazem política. O mesmo Lênin, nos mesmos textos, comparava esse economicismo ao trabalhismo inglês, e ao menchevismo russo. Se conhecesse, compararia também ao petismo brasileiro.

Após a morte de Marx e de Engels surgiu também um "marxismo" economicista, que consistia em supervalorizar as forças produtivas e desvalorizar a ação humana. Sendo assim não seria necessária a Revolução socialista. Bastaria esperar as forças produtivas se desenvolverem e o socialismo cairia do céu. Lênin também combateu esse economicismo pseudomarxista.

***

O socialismo burguês só atinge uma expressão adequada quando se torna uma simples figura de retórica.

Livre câmbio, no interesse da classe operária. Tarifas protetoras, no interesse da classe operária! Prisões celulares[18], no interesse da classe operária! Eis sua última palavra, a única pronunciada seriamente pelo socialismo burguês.

***

No final do século XVIII e início do XIX o sistema de punição de criminosos foi revolucionado em todo o mundo, como consequência das revoluções burguesas dos EUA e da França. Só então a prisão se tornou a forma dominante de punir criminosos, na expectativa de reeducá-los. As penas ditas cruéis (note-se portanto que a prisão não era assim considerada) foram aos poucos abolidas.

---

18   Na edição inglesa de 1888, editada por F. Engels, diz-se: Reforma penitenciária (Prison reform) (N. da Ed. Bras.).

Os defensores das prisões, não só das celulares (uma cela por pessoa), achavam que eram grandes filantropos por isso.

***

Ele se resume nesta frase: os burgueses são burgueses no interesse da classe operária.

3. O Socialismo e o Comunismo Crítico-utópicos.

Não se trata aqui da literatura que, em todas as grandes revoluções modernas, formulou as reivindicações do proletariado (escritos de Babeuf, etc.).

As primeiras tentativas diretas do proletariado para fazer prevalecer seus próprios interesses de classe, feitas numa época de efervescência geral, no período da derrubada da sociedade feudal, fracassaram necessariamente não só por causa do estado embrionário do próprio proletariado, como devido à ausência das condições materiais de sua emancipação, condições que apenas surgem como produto do advento da época burguesa. A literatura revolucionária que acompanhava esses primeiros movimentos do proletariado teve forçosamente um conteúdo reacionário. Preconizava um ascetismo geral e um grosseiro igualitarismo.

***

Nota-se que o comunismo de Marx não é igualitarista! Infelizmente, para a maioria das pessoas não só o comunismo continua sendo igualitarista, como Marx e Engels também o seriam.

Os anticomunistas quase sempre são sobretudo anti-igualitaristas, vendo igualitaristas debaixo da cama. Contudo, estudos desses movimentos supostamente igualitaristas na maioria das vezes revelam que os mesmos não eram igualitaristas. Nota-se, portanto, que existe uma fixação doentia das classes dominantes de diferentes épocas históricas contra o igualitarismo.

***

Os sistemas socialistas e comunistas propriamente ditos, os de Saint-Simon, Fourier, Owen, etc., aparecem no primeiro período da luta entre o proletariado e a burguesia, período acima descrito. (Ver o cap. Burgueses e Proletários)

Os fundadores desses sistemas compreendem bem o antagonismo das classes, assim como a ação dos elementos dissolventes na própria sociedade dominante. Mas não percebem no proletariado nenhuma iniciativa histórica, nenhum movimento político que lhe seja próprio.

122

Como o desenvolvimento dos antagonismos de classes marcha de par com o desenvolvimento da indústria, não distinguem tampouco as condições materiais da emancipação do proletariado e põem-se à procura de uma ciência social, de leis sociais, que permitam criar essas condições.

A atividade social substituem sua própria imaginação pessoal; às condições históricas da emancipação, condições fantasistas; à organização gradual e espontânea do proletariado em classe, uma organização da sociedade pré-fabricada por eles. A história futura do mundo se resume, para eles, na propaganda e na prática de seus planos de organização social.

***

Destaque-se a crítica a "*uma organização da sociedade pré-fabricada por eles*", ou seja, a utopias. É comum o engano de que o marxismo teria proposto algum modelo de sociedade, mas nasceu criticando-os a todos.

***

Todavia, na confecção de seus planos, têm a convicção de defender antes de tudo os interesses da classe operária, porque é a classe mais sofredora. A classe operária só existe para eles sob esse aspecto de classe mais sofredora.

***

Até hoje muitas forças políticas (incluindo gente que se acha comunista) só pensam nos trabalhadores assim, como "miseráveis", "excluídos", "vítimas".

***

Mas, a forma rudimentar da luta de classe e sua própria posição social os levam a considerar-se bem acima de qualquer antagonismo de classe. Desejam melhorar as condições materiais de vida para todos os membros da sociedade, mesmo dos mais privilegiados. Por conseguinte, não cessam de apelar indistintamente para a sociedade inteira, e mesmo se dirigem de preferência à classe dominante. Pois, na verdade, basta compreender seu sistema para reconhecer que é o melhor dos planos possíveis para a melhor das sociedades possíveis.

Repelem, portanto, toda ação política e, sobretudo, toda ação revolucionária, procuram atingir seu fim por meios pacíficos e tentam abrir um caminho ao novo evangelho social pela força do exemplo, por experiências em pequena escala que, naturalmente, sempre fracassam.

***

Curioso é que se continue tentando essas experiências até o século XXI, o que só se explica por falta de estudos sobre a quantidade de fracassos anteriores.

***

A descrição fantasista da sociedade futura, feita numa época em que o proletariado, pouco desenvolvido ainda, encara sua própria posição de um modo fantasista, corresponde às primeiras aspirações instintivas dos operários a uma completa transformação da sociedade.

Mas essas obras socialistas e comunistas encerram também elementos críticos. Atacam a sociedade existente em suas bases. Por conseguinte, forneceram em seu tempo materiais de grande valor para esclarecer os operários. Suas propostas positivas relativas à sociedade futura, tais como a supressão da distinção entre a cidade e o campo, a abolição da família, do lucro privado e do trabalho assalariado, a proclamação da harmonia social e a transformação do Estado numa simples administração da produção, todas essas propostas apenas anunciam o desaparecimento do antagonismo entre as classes, antagonismo que mal começa e que esses autores somente conhecem em suas formas imprecisas. Assim, essas propostas têm um sentimento puramente utópico.

***

Naturalmente, o antagonismo que mal começava era entre burguesia e proletariado, não os anteriores de sociedades mais antigas.

***

A importância do socialismo e do comunismo crítico-utópicos está na razão inversa do desenvolvimento histórico. À medida que a luta de classes se acentua e toma formas mais definidas, o fantástico afã de abstrair-se dela, essa fantástica oposição que se lhe faz, perde qualquer valor prático, qualquer justificação teórica. Eis porque, se, em muitos aspectos, os fundadores desses sistemas eram revolucionários, as seitas formadas por seus discípulos são sempre reacionárias, pois se aferram às velhas concepções de seus mestres apesar do ulterior desenvolvimento histórico do proletariado. Procuram, portanto, e nisto são consequentes, atenuar a luta de classes e conciliar os antagonismos. Continuam a sonhar com a

126

realização experimental de suas utopias sociais: estabelecimento de falanstérios isolados, criação de colônias no interior, fundação de uma pequena Icária[19], edição in 12 da nova Jerusalém e, para dar realidade a todos esses castelos no ar, vêem-se obrigados a apelar para os bons sentimentos e os cofres de filantropos, burgueses. Pouco a pouco, caem na categoria dos socialistas reacionários ou conservadores descritos acima, e só se distinguem deles por um pedantismo mais sistemático e uma fé supersticiosa e fanática na eficácia miraculosa de sua ciência social.

***

Quando ditos marxistas *"se aferram às velhas concepções de seus mestres apesar de ulterior desenvolvimento histórioco"* o resultado é o mesmo. As seitas que rebaixaram o marxismo a suas religiões fazem mais mal ao proletariado e ao verdadeiro marxismo do que toda a propaganda antimarxista já feita.

---

[19] Falanstérios eram chamadas as colônias socialistas projetadas por Charles Fourier. Icária era o nome dado por Cabet a seu país utópico e, mais tarde, à sua colônia comunista na América. (Nota de F, Engels à edição inglesa de 1888). Owen chamou suas sociedades comunistas modelares de home-colonies (colônias no interior). Falanstério era o nome dos palácios sociais imaginados por Fourier. Chama-se Icária o pais fantástico cujas instituições comunistas Cabet descreve. (Nota de F. Engels à edição alemã de 1888).

***

Opõem-se, pois, encarniçadamente, a qualquer ação política da classe operária, porque, em sua opinião, tal ação só pode provir de uma cega falta de fé no novo evangelho.

Desse modo, os owenistas, na Inglaterra, e os owenistas, na França, reagem respectivamente contra os cartistas e os reformistas.[20]

IV - Posição dos Comunistas Diante dos Diversos Partidos de Oposição

O que já dissemos no capítulo II basta para determinar a posição dos comunistas, diante dos partidos operários já constituídos e, por conseguinte, sua posição diante dos cartistas; na Inglaterra e dos reformadores agrários na América do Norte.

Os comunistas combatem pelos interesses; e objetivos imediatos da classe operária, mas, ao mesmo tempo, defendem é representam, no movimento atual, o futuro do movimento. Aliam-se na França ao partido democrata-socialista[21] contra a burguesia

---

[20]   Refere-se aos partidários do jornal Le Réforme, que se editava em Paris entre os anos 1843-1850.

[21]   Este partido era representado: no Parlamento, por Ledru-Rollin, na literatura por Luís Blanc, na imprensa diária por Le Réforme. O nome, democrata-socialista, significava, nos lábios de seus inventores, a parte do partido democrático ou republicano que tinha uma colorarão mais ou menos socialista. (Nota de F. Engels A edição inglesa de 1388). O que então se

conservadora e radical, reservando-se o direito de criticar as frases e as ilusões legadas pela tradição revolucionária.

***

Os partidos aqui descritos desapareceram poucos anos, ou décadas, depois de publicado o *Manifesto*. Contudo, os princípios aqui apresentados para se apoiar ou não uma força política continuam sendo usados pelo movimento comunista mais sadio.

***

Na Suíça, apoiam os radicais, sem esquecer que esse partido se compõe de elementos contraditórios, metade democratas-socialistas, na acepção francesa da palavra, metade burgueses radicais.

Na Polônia, os comunistas apoiam o partido que vê numa revolução agrária a condição da libertação nacional, isto é, o partido que desencadeou a insurreição de Cracóvia em 1846.

***

chamava, na Franca, Partido Democrata-Socialista era representado na política por Ledru-Rollin e na literatura por Luís Blanc; estava, pois, a cem mil léguas de social-democracia alemã atual. (Nota de F. Engels à edição alemã de 1890).

Note-se que Marx e Engels não desprezavam a ideia de revoluções no campo. De fato eles escreveram até uma obra sobre as revoluções agrárias na Alemanha medieval. A ideia de que os comunistas só lutam por revoluções operárias não é verdadeira, a China que o diga.

***

Na Alemanha, o Partido Comunista luta de acordo com a burguesia, todas as vezes que esta age revolucionariamente: contra a monarquia absoluta, a propriedade rural feudal e a pequena burguesia.

Mas nunca, em nenhum momento, esse Partido se descuida de despertar nos operários uma consciência clara e nítida do violento antagonismo que existe entre a burguesia e o proletariado, para que, na hora precisa, os operários alemães saibam converter as condições sociais e políticas, criadas pelo regime burguês, em outras tantas armas contra a burguesia, a fim de que, uma vez destruídas as classes reacionárias da Alemanha, possa ser travada a luta contra a própria burguesia.

É para a Alemanha, sobretudo, que se volta a atenção dos comunistas, porque a Alemanha se encontra nas vésperas de uma revolução burguesa; e porque realizará essa revolução nas

130

condições mais avançadas da civilização europeia e com um proletariado infinitamente mais desenvolvido que o da Inglaterra no século XVII e o da França no século XVIII a revolução burguesa alemã, por conseguinte, só poderá ser o prelúdio imediato de uma revolução proletária.

***

A Revolução de 1848 na França modificou completamente o cenário político alemão. Na França, pela primeira vez, o proletariado foi protagonista, ou seja, lutou por seus próprios interesses, sob sua própria direção. Isso assustou a burguesia de todo o mundo, incluindo a alemã, que buscou outros caminhos, conservadores, de aliança com os restos da nobreza territorial, para chegar a seus objetivos. Marx publicou sobre isso o livro *Revolução e Contrarrevolução*, muito pouco conhecido e que se supõe que foi escrito por Engels, mas também no *18 Brumário de Louis Bonaparte* e outros livros esse assunto foi tratado.

***

Em resumo, os comunistas apoiam em toda parte qualquer movimento revolucionário contra o estado de coisas social e político existente.

Em todos estes movimentos, põem em primeiro lugar, como questão fundamental, a questão da propriedade, qualquer que seja a forma, mais ou menos desenvolvida, de que esta se revista.

Finalmente, os comunistas trabalham pela união e entendimento dos partidos democráticos de todos os países.

Os comunistas não se rebaixam a dissimular suas opiniões e seus fins. Proclamam abertamente que seus objetivos só podem ser alcançados pela derrubada violenta de toda a ordem social existente. Que as classes dominantes tremam à ideia de uma revolução comunista! Os proletários nada têm a perder nela a não ser suas cadeias. Têm um mundo a ganhar.

PROLETÁRIOS DE TODOS OS PAÍSES, UNI-VOS!

***

Naturalmente a maior desunião entre os trabalhadores é entre empregados e desempregados. Os empregados de uma categoria não concorrem diretamente com os de outra. Dentro de uma mesma categoria, ou fábrica, existe concorrência entre os trabalhadores, mas o que permite o domínio econômico e político da burguesia é uma massa de desempregados. O medo do desemprego é uma arma indispensável para a burguesia contra os trabalhadores.

Contudo, é notável que quase sempre se "esqueça" os desempregados nas tentativas práticas de organização dos trabalhadores. Os Sindicatos excluem desempregados. Quando existem organizações de desempregados, quase sempre são só de desempregados, configurando mais a desunião que qualquer união entre os trabalhadores.

As incríveis conquistas já obtidas pelo proletariado sem nunca ter se unido completamente revelam a força da proposta central de Karl Marx e Friedrich Engels:

Proletários de todo o mundo, uni-vos!